新时代
基层社会治理
法治化研究

段丽霞◎著

人民日报出版社

北京

图书在版编目（CIP）数据

新时代基层社会治理法治化研究 / 段丽霞著. —北
京：人民日报出版社，2023.6
　ISBN 978-7-5115-7857-0

　Ⅰ.①新… Ⅱ.①段… Ⅲ.①社会管理－法治－研究
—中国 Ⅳ.①D922.104

中国国家版本馆CIP数据核字（2023）第101968号

书　　　名：新时代基层社会治理法治化研究
　　　　　　XINSHIDAI JICENG SHEHUI ZHILI FAZHIHUA YANJIU
作　　　者：段丽霞
出 版 人：刘华新
责任编辑：袁兆英
封面设计：中尚图
出版发行：人民日报出版社
社　　　址：北京金台西路2号
邮政编码：100733
发行热线：（010）65369527　65369846　65369509　65369512
邮购热线：（010）65369530
编辑热线：（010）65363251
网　　　址：www.peopledailypress.com
经　　　销：新华书店
印　　　刷：天津中印联印务有限公司
法律顾问：北京科宇律师事务所 010-83632312
开　　　本：710mm × 1000mm　1/16
字　　　数：210千字
印　　　张：14.5
版次印次：2023年6月第1版　2023年6月第1次印刷
书　　　号：ISBN 978-7-5115-7857-0
定　　　价：59.00元

序

  党的十八届四中全会指出，推进全面依法治国，基础在基层，工作重点在基层。基层的"社会治理"是国家治理的基石，是国家治理体系和治理能力的重要组成部分。基层社会治理的"体系"和"能力"的法治化水平直接影响着国家治理现代化水平，影响着社会主义法治国家建设。

  段丽霞同志是我的学生，长期从事党校法学教研工作。注重于 理论与实践的高度融合，坚持把文章写在大地上。所撰写的《新时代基层社会治理法治化研究》一书，正是基于各级领导干部在基层治理过程中对基层社会治理规范化、制度化、法治化等热点问题的基本认知和成功经验抑或惨痛教训的总结与吸取，紧紧围绕着习近平总书记关于基层社会治理的重要论述，结合党和国家有关方针政策，聚焦基层社会治理法治化的热点、难点与盲点，从理论、方法，实践三个层面进行了系统梳理和阐释。经验之富、体会之多、研究之深可见一斑。

  该著有三方面特色较为突显：一是观点正确而鲜明，阐释严谨而周详。在阐述问题时，善于抓住重点，聚焦热点，破解难点，做到了言之有理，论之有据。二是内容广泛而丰富，材料厚重翔实。该书既分析了国内外学者对基层治理法治化的研究内容，又总结了新时代我国基层社会治理法治化的具体实践，针对新时代社会治理的主要特征，着重对实现基层社会治理法治化必须抓好基层治理重要工作的内容进行了阐述，内容充实、具体。三是方法科学而可行，引证具体而务实。该书更多的内容是在调查研究的基础上，经过"去伪存真、去粗取精"的思考和加工，通过更多的案例，对基层社会治理法治化在实践中的经验归纳总结。抓住了实现基层社会治理法治化方面的突出问题，又有针对性地提出解决问题的途径。特别是对作者所在的地区——山西省太原市在基层社会治理法治化的实践中的一些经验和做法进行了分析和研究，对于指导实际工作颇有针对性和可行性。

　　"芳林新叶催陈叶，波水前波让后波"，人类社会新陈代谢的规律，决定了未来永远属于创新的一代，我阅读了该书的主要章节后，写了上边几段感受和认知，对该书的出版表示祝贺，是为序。

陈晋胜　教授

山西大学法学院

2023年3月26日

前　言

　　社会治理是中国特色社会主义事业的重要组成部分，建设社会治理共同体、推进社会治理现代化是推进中国式现代化的内在要求。基层社会治理是国家治理体系的基础，是全面实现国家治理体系和治理能力现代化的重要保障。法治是国家治理的基本方式，是国家治理现代化的主要标志，依法治国、依法执政、依法行政、严格执法和公正司法，决定了推进国家治理现代化本体上和路径上就是推进国家治理法治化，国家治理法治化是国家治理现代化的必由之路。党的十八届四中全会指出："推进全面依法治国，基础在基层，工作重点在基层"，基层社会治理法治化是基层治理创新的必然要求，是实现基层治理现代化的重要途径。将基层社会治理纳入法治轨道，法治融入基层社会治理全过程、全方位，是实现基层善治的必经之路。

　　推进基层社会治理法治化，是要运用法治精神审视基层社会治理。在强调社会治理规范化、精细化的当下，特别要运用法治精神审视基层社会治理，进一步完善和提升基层治理效能。要坚持以习近平法治思想为指导，坚持系统治理、依法治理、综合治理、源头治理的有机结合，推动基层社会治理持续稳定和谐发展。增强新时代基层治理工作的责任感和使命感，学会运用法治方式破解基层社会治理难题，不断提高防范和抵御安全风险能力，有效防范化解社会矛盾，确保社会安定有序发展。

　　推进基层社会治理法治化，是要运用法治思维谋划基层社会治理。基层社会治理法治化具有全面性，需要将法治思想贯穿基层社会治理的全过程。要认真梳理和完善与基层社会治理相关的立法，解决基层在社会治理中的有法可依、依法治理问题。基层社会治理的关键环节是要严格执法，遵循法治思维，遵照法律规定的职权和程序，在法治思维的引导下，正确履行职责。司法公正是推动基层社会治理法治化的基本保障，公正是司法工作的生命线，主要任务就是通过公正的司法活动来维护社会的公平正义。推进基层社会治理法治化，要重视和发挥司法机关的作用，通过司法程序公正解决基层的各种纠纷，维护社会公平正义和良好的社会秩序。

推进基层社会治理法治化，是要依法预防和化解社会矛盾纠纷。预防和化解社会矛盾纠纷，是维护社会和谐稳定的前提，是构建法治社会的重要内容。法治是预防和化解社会矛盾纠纷的关键。强化法律在化解矛盾纠纷中的权威地位，积极引导矛盾纠纷当事人步入法治轨道，从法治视角看待问题、分析问题、解决问题。通过法治途径依法有效化解各类矛盾，有利于构建和谐有序的社会格局，符合维护和保障广大人民群众根本利益的价值目标，有利于社会治理的不断发展。

党的二十大报告指出，"完善社会治理体系"，"建设人人有责、人人尽责、人人享有的社会治理共同体"。这一重要论述，为我们提升基层社会治理指明了前进方向、提供了根本遵循。紧紧围绕党的十八届三中、四中、五中全会和十九届四中、五中全会的精神以及党的二十大报告关于基层社会治理的重要部署，作者结合当前基层社会治理中的实际问题，重点围绕推进基层社会治理法治化，通过实地调研和文献收集等方式进行分析、论证，以期为新时代基层社会治理法治化研究提供参考借鉴。

2023年2月

目录

理论篇

方法篇

实践篇

理论篇

第一章 基层社会治理法治化国内外研究的现状

第一节 国外研究状况

一、法治与法治化研究现状

（一）关于"法治"的研究

关于法治的研究，亚里士多德在《政治学》中认为法治必须有两层含义：一般来说，它必须遵守既定的法律，而遵守的法律必须是一个好的法律。古希腊伟大的思想家柏拉图在《法律篇》一书中首次向世界展示了法治的概念：法治是良法的政治基础。在17、18世纪进入资产阶级革命时期后，学者们认为法治就是要实现限制公共权力（又称政府权力）、保护公民基本权利；而后19世纪资本主义法治的倡导者也清晰地认识到了法治在资本主义社会中重要作用[①]。

17世纪和18世纪的资产阶级革命时期，法治研究的重点是如何通过限制和限制公共权力，即政府权力，并保证实现人民的基本权利和自由。19世纪又涌现出了以戴雪、凯尔森、奥尔森等为代表的资本主义法治捍卫者，他们积极主张宣扬资本主义社会中法治的重要性。

进入20世纪，西方学者对法治问题的研究越来越深入。二战结束后，提

---

① Ajala, Olayinka. Human Security in the Niger Delta: Exploring the Interplay of Resource Governance, Community Structure and Conflicts[J]. Journal of Sustainable Development Law and Policy, 2016.

出了要将法治的形式和实质结合起来，实现其内在价值的统一，并进一步丰富了法治的内涵，代表人物有拉兹、富勒、哈罗德、罗尔斯等。其中，拉兹提出了法治的四个基本要素和标准："一是通过法律保护人权，限制政府公共权力的滥用；二是善治法的治理，这项良法的最基本要素是尊重人的平等，自由，良心和尊严；三是通过宪法建立国家权力下放和权力制衡权力体系；四是建立司法独立，无罪推定等普遍司法原则，其形式以完善统一的法律制度，普遍有效的法律规则，严格公平的执法制度和专业的法律专业，为现代法治创造了一个原型[①]。"

（二）关于"法治化"的研究

关于法治化的研究，法治在发展到某种程度后形成了法治化的说法，意味着人类社会开始从非法治社会步入近代法治社会。古雅典城邦在当时始终坚持凡事以法律为最高准则，但在中世纪时期"神治"取代了"法治"，专制制度急速发展；在中世纪晚期，欧洲开始复兴"法治"，法治化的兴起和发展随后由近代资产阶级革命不断推动，此时多数国家将近代启蒙思想家的法治理论运用到社会中去，走向了法治化建设的道路。

法治化是法治的发展过程。从某种意义上说，人类社会的发展的进程，就是一个由传统非法治的社会向近代法治社会转化的过程。西方的古罗马和古希腊时期，诞生了最初的法治理论，人类也开始了最初的法治实践。古雅典城邦中的一切政治活动都以法律为最高准则。但进入中世纪时期，在"神治"的名义下，法治被湮灭，人治和专制制度发展到极端，被认为是"历史上最黑暗的时期"。中世纪晚期，欧洲又出现了法治的"复活"和发展。近代资产阶级革命的胜利，推动了法治化运动的迅速兴起和发展，英美法等国家都把近代启蒙思想家的法治理论运用到社会中去，推动了人治向法治转变。二战以后，意大利、日本等也走上了法治化的道路。因此，有学者总结法治

---

① De Barbieri, Edward W. Urban Anticipatory Governance[J]. Florida State University Law Review, 2018（1）: 75-128.

化之路："虽然在历史上，主张依法治国的思想很早就已出现，但真正的法治主义无论作为系统的理论还是国家的原则，都主要形成于近代。近代以前，由于实现法治所必需的种种条件尚不具备，不可能产生真正的法治国家。只是到了十七世纪以后，随着社会的进步，法治才成为一种历史趋势。法治学说经过欧洲思想家和法学家们的阐释，逐渐形成系统的理论，英法美等较早实现近现代的国家相继走上法治之路，制定了作为国家最高准则的宪法，并在民主的基础上实行分权原则，从而消除了凌驾于法律之上的权力，实现了法的统治。其他后起国家也大体如此"[①]。

当代西方国家的法治化主要体现为"宪政"，其实质就是防止权力任性胡作非为，所以西方的"宪政"往往表现出以"限政"或"限权"为宗旨的制度设计，主要是为了限制政府公权力，使政府权力的行使更加制度化和规范化[②]。

新加坡是为数不多的亚洲发达国家地区，他的法治化过程也许对于同样处于亚洲的中国来说更有借鉴意义。新加坡是一个典型的法治国家，不仅全社会崇尚法治，信仰法治，对法律法规的高度认同是全体国民共同的价值观。法治建设十分健全，法律规范体系严密具体，几乎所有的社会主体的主要行为都被囊括在内，而且每一条法律规定可行性强，真正做到有法可依。不仅如此，新加坡的执法也很严明，严格执行"法律面前人人平等"的原则。新加坡奉行司法独立原则，并有一套成熟完备的可操作性强的体制机制加以保障[③]。

---

① Mize, Garrett. Big Cities in a Bigger State: A Review of Home Rule in Texas and the Cities That Push the Boundaries of Local Control[J]. South Texas Law Review, 2016 (3): 311 -344.

② Kumar V. Democracy 'Only for the Haves' in Local Self Governance[J]. Journal of National Law University Delhi, 2018, 5 (1): 99-108.

③ Johns, Brian ;Gould, Rosemary. Grassroots Organizing and Medicaid Expansion in Virginia: the Lee County Chapter of Virginia Organizing and Medicaid Expansion[J]. Richmond Public Interest Law Review, 2018 (1): 23-48.

二、关于治理法治化的研究

（一）关于基层"社区"概念

加中文（Ajala，Olayinka）提出，社区治理仍是解决冲突和实现可持续发展的最有价值的策略[①]。国外也采取了不同措施促进基层治理。在20世纪70年代开始兴起的日本城市化热潮使得大量农村精英进入城市就业，导致农村基层治理缺乏参与主体。为此，从20世纪80年代起，政府加大农村社区建设，完善农村社区环境，吸引农村精英回乡创业和城市人口到农村定居，鼓励地方各类企业参与农村社区建设。国外学者们对基层治理也有不同的理解。（Su，Rick）认为，随着农村人口减少，不平等现象加剧，社区联系正在瓦解，要解决美国乡村现在面临的问题，不仅需要资源或有效的管理，还必须对农村基层政府进行改革。（DeBarbieri），Edward W，Mize，Garrett，Kumar，Vinod 等认为需要赋予基层居民自治权，使基层公民能够自己管理自己的事务[②]。Johns，Brian，Gould，Rosemary 提出在基层治理中要认识到基层组织的重要性，真正认识到人民的力量[③]。Miller，StephenR利用社会学研究来探讨农村社区中，非正式的治理结构通常比地方政府正式的法律法规更为重要[④]。Ross，Sara 提出要创新治理方法，采用大数据收集模式治理城市各地区出现的

① Ajala，Olayinka. Human Security in the Niger Delta：Exploring the Interplay of Resource Governance，Community Structure and Conflicts[J]. Journal of Sustainable Development Law and Policy，2016.

② De Barbieri，Edward W. Urban Anticipatory Governance[J]. Florida State University Law Review，2018（1）：75-128；Mize，Garrett. Big Cities in a Bigger State：A Review of Home Rule in Texas and the Ci ties That Push the Boundaries of Local Control[J]. South Texas Law Review，2016（3）：311 -344；Kumar V . Democracy 'Only for the Haves' in Local Self Governance[J]. Journal of Nati onal Law University Delhi，2018，5（1）：99-108.

③ Johns，Brian ；Gould，Rosemary. Grassroots Organizing and Medicaid Expansion in Virginia：the Lee County Chapter of Virginia Organizing and Medicaid Expansion[J]. Richmon d Public Interest Law Review，2018（1）：23-48.

④ Miller S R ，Vos J ，Lindquist E. Informal Governance and Disaster Planning：The Case of Wildfire[J]. University of Arkansas at Little Rock Law Review. 2018：633-660.

孤岛现象①。Breuillard，Michele 分析了城市治理中地方政府权力职能模糊引发的问题，由此 需要简化政府机构，提高地方决策效率②。

（二）关于社会治理方面的研究

在长期的社会治理实践中，西方学者形成了一套既具有普遍规律又各具特色的社会治理理论，具体表现在：[美]詹姆斯·N·罗西瑙是治理理论的主要创始人，他认为社会治理的主体是多元的，社会治理不仅要靠政府来实现，还应包括其他的社会力量共同参与。[英]鲍勃·杰索普认为社会治理是政府领导下的多层次、平等合作，提出用"元治理"来解决治理问题，也就是说治理实质上取决于政府的最终决策权，由政府来组织协调各个组织之间发挥不同的作用。[美]利普赛特认为，现代社会与政治体制要稳定有序，不仅需要外部的经济发展，还需要国家与社会"冲突与一致的适当平衡"。以克林顿、布莱尔、施罗德为代表的西方政治家认为，公民社会是新治理的核心，新政的目标是"少一些统治，多一些治理"，说明国家正在从统治走向治理。

（三）"基层治理法治化"的研究

"基层治理"的概念在西方国家的研究中并不多见，国外高校较少提及基层治理，甚至没有，所以"基层治理"的概念在西方国家的研究中并不多见，而是多用"民间社会""社会团体"来说明基层。在启蒙时期，黑格尔认为应该区别对待"市民社会""国家"这两个概念，后来马克思提出分离"公民社会"和"政治国家"。

民间社会也被翻译成民间社会或公民团体，西方学者多在政治学领域使用它。在启蒙时期，黑格尔认为，市民社会与国家是两个不同的概念，它应

---

① Ross S. Strategies for Municipal Participatory Governance and Implementing UN-Habitat's New Urban Agenda：Improving Consultation and Participation in Urban Planning Decision-Making Processes Through Rapid Ethnographic Assessment Procedure[J]. Social Scienc e Electronic Publishing，2017.

② Breuillard，Michele. New Governance of Urban Areas in France：Is Rationalization Possible[J]. Croatian and Comparative Public Administration，2016（3）：479-496.

该区别对待。后来，马克思也承认了黑格尔的观点，并同意公民社会与政治国家分离的观点。总之，国外的研究并没有直接解释基层的概念理论，只是一个类似的概念系统研究。关于基层治理理论，国外研究也经历了一个从无到有，从忽视到重视的逐渐发展过程。国外关于基层治理争论主要有以下几种：

第一，基于政策网络的争论。所谓政策网络，是指将一个居住地区的所有政策整合形成网络，对居住地的公民实行综合系统治理的形式[①]。类似于计算机的网络矩阵，在实际治理中呈现出的是政策网络体系。

第二，国家与社会的关系争论。这种争论认为，在新时期的基层治理中，作为原"外者"的国家已经不能再置身事外，享受旁观者的身份，而是紧密与社会管理相结合，从而实现基层治理。因为一些治理政策的出台和实施依赖于国家政策的出台或改变，再加上非政府组织体系的发达，如今的治理已经演变成了政府和非政府组织之间的合作。相对于犯罪、失业等突出的社会现象，是需要政府出面制定政策，解决这些基层治理中存在的问题。

第三，社会资本争论。社会资本理论是近现代西方学界研究基层治理问题的又一视角，并将其作为基层治理的一个重要组成要素，用来分析、展现基层治理的问题或成效。他们认为，基层治理应该加强社区居民本身和社区的力量，他们的有效参与能够显著提高基层治理的效能，提高社会资本的参与度和利用度，使其和社区治理之间、基层治理之间呈现出一种良性循环[②]。

当代西方基层治理，美国是具有典型性研究意义的。虽然我国与美国在制度和文化等方面存在差异，但关于基层治理的理论实践是可以互相借鉴的。美国在推进现代化的进程中，同样面临社会基层问题和矛盾频出，于是在基层社会治理的实践中形成了具有美国特色的基层社会治理模式。其治理的主体主要有政府、非政府组织和社区居民，其中一半以上的公共服务是由非政

---

① 赵月：《转型期我国基层治理法治化的逻辑与路径研究》，《理论观察》2016年第8期。

② 吴晓林、郝丽娜：《"社区复兴运动"以来国外社区治理研究的理论考察》，《政治学研究》2015年第1期。

府组织提供的，其组织本身也实行高度自治，政府也会采取税费减免的政策来支持非政府组织的自治行为。社区事务由居民自理，结合社区志愿服务活动降低社会治理成本，从而实现社会治理[①]。

日本在进入发达国家行列以后，也逐渐形成了自己的基层治理模式。与美国不同，基层政府在基层社会治理中的地位是很重要的，且服务意识较强，并建立了较为完善的运行保障机制[②]。

（四）关于依法治国战略的研究

以印度中国研究所研究员比姆·苏巴、日本野村证券经济学家常春华、澳大利亚拉筹伯大学法学教授兰德尔·帕伦勃等为代表的多位海外学者认为，党的十八届四中全会旗帜鲜明地表明，建设中国特色社会主义法治体系，这是中国在进入新常态的背景下适应经济社会发展的正确选择，有利于开展社会主义法治建设、中国法治文化的传播、公民法治意识的提升以及中国法治国际化的推进。[澳]彼得·德赖斯代尔是澳大利亚国立大学的教授，他认为十八届四中全会的召开和"四个全面"战略布局的提出，标志着中国将优先发展法治，有利于中国进一步深化改革，有助于加强对官员腐败的惩罚。[土]尤科赛尔·戈迈兹是土耳其中央银行北京经济参赞，他认为全面推进法治建设，将对中国的各行各业产生重大影响，是经济长期发展的决定性因素之一，中国正在形成一个新的经济发展框架。[美]杰里米·多姆是耶鲁大学法学院中国研究中心高级研究员，他认为中国经济持续增长，积极解决食品安全与环境问题，提高政府透明度和反腐倡廉工作，表明中国共产党领导下的法治建设符合中国国情和实际需要，是中国法治改革的必由之路，具有中国特色。[法]特蕾莎·利伯是法国可持续发展和国际关系研究所所长，他认为当前，中国正处于和平时期，习近平主席的依法治国思想，反映了中国共产党对社会需求的理解，明确了决策过程，满足了不同的利益，这符合新常态的发展趋

① 汪燕：《美国基层社会治理的启示》，《浙江经济》2018年第14期。
② 徐勇：《以服务为重心：基层与地方治理的走向——以日本为例及其对中国的启示》，《深圳大学学报》（人文社会科学版）2019年第1期。

势，可以赢得人民的信任，让人民有所期盼。

（五）关于社会治理法治理论的研究

国外对于法治理论的研究最早可以追溯到古希腊时期，古希腊的著名学者亚里士多德就曾经提出"必须普遍遵守既定法律"的观点①。随着社会的发展，西方世界对于法治的研究也逐步深入，诸多西方学者运用不同理论方法，不同视角解释了法治的基本理论。美国当代政治学家亨廷顿（Samuel Phillips Huntington）认为，研究治理理论的变革要以研究政府管理变革为中心②。强调了政府在推行法治化进程中的定位转型。西方学界对于社会治理领域的研究注重 转变政府功能定位，强调公共管理及社会治理的多中心主体建构。在对公共行政最主 要任务的研究中，强调将"他们"转变为"我们"③。20世纪之后，西方对于法治的研究，更加强调形式与内容的高度统一，注重限制政府的公权力，来保障公民权利的实现。除了对于法治理论的研究，西方学界对于法治理论在具体实施，方面也做了很多研究。Bisiriyu Abiodun Taleat 对尼日利亚联邦共和国的社会治理法治化进行了研究，重点强调了宪法在推进一个国家治理体系法治化中的重要作用④。迈克尔·比德斯在与我国学者的合作研究中，对我国社会主义法治建立的渊源、理论根据进行了研究，重点指出法治的推行对我国社会的发展具有重要作用⑤。

---

① 亚里士多德:《政治学》，商务印书馆1965 年版。

② 亨廷顿:《变革社会中的政治秩序》，华夏出版社1988 年版。

③ Ben Hillman. Patronage and Power:《Local State Networks and Party-State Resiliencein Rural China》，Stanford: Stanford University Press，2014.

④ Bisiriyu Abiodun Taleat:《 Governance and the Rule of Law in Nigeria's Fourth Republic: A Retrospect of Local Government Creation in Lagos State》，Canadian Social Science，2017，13（10）.

⑤ Hongwen Zhu，Michael A. Peters.《Social governance，education and socialist rule of law in China》，Educational Philosophy and Theory，2019，51（7）.

第二节　国内现状

我们国家的法治化进程稳步推进，近几年取得了较为显著的进步。这与国家高度重视法治建设是分不开的。这可以在一些重要的会议上看到。例如，在中国共产党第十八次全国代表大会上，"推进国家治理体系和治理能力的现代化，更加关注法治在国家治理和社会管理中的重要作用"，党的十八届四中全会"坚持制度治理"，依法治国，全面治理，源治理，提高社会治理法治化水平，在十八届五中全会、十九届全国代表大会上提出"建立共建共治共享的社会治理模式"，重申依法治国的总体目标是建设中国特色社会主义法治体系。在党的十九届二中全会上通过了《中共中央关于修改宪法部分内容的建议》，并一直强调，新时代的全面深化改革一定要在法律制度框架下进行，法治建设成为国家新时代改革发展的重要保障。这一系列中央政策内容的变化愈加凸显了法治在国家和社会治理中的核心地位。作为基层治理的基本方式，法治治理的优势在于突出治理过程的民主、公开、公正治理，具有可预测性和明确性。辛向阳认为，国家治理体系中的所有权力主体或权利主体，实施各自的功能活动或权利行为的前提是法律规则的约束。法律规则规范了彼此之间的关系，并实现了规则的互动作用[1]。

卢红友认为，国家治理体系和治理能力现代化的重要组成部分和内容包括国家治理的制度化、法治化和规范化[2]。徐耀通教授主张，治理体系和治理能力的现代化意味着民主与法治程度的提高，以及呈现制度化、标准化和程

---

[1]　辛向阳：《推进国家治理体系和治理能力现代化的三个基本问题》，《理论探讨》2014年第1期。

[2]　卢洪友：《从建立现代财政制度入手推进国家治理体系和治理能力现代化》，《地方财政研究》2014年第1期。

序化的特征①。这样，法治作为基层治理的基本方式已成为学者们的共识。大家所讨论的重点主要在以下几个层面进行：

一、关于基层社会治理的研究

国内研究社会治理相关理论的学者众多，研究成果也相当丰硕，特别是党的十八届三中全会召开以后，社会治理不断创新，体制建设逐步完善，社会治理法治化水平逐渐提高，一个新的社会治理格局正慢慢形成。王春光在"改革开放40年社会治理创新"学术研讨会上提到，结合当今社会发展的新态势、新特点，社会治理不单是指政府如何治理社会，还包括社会自身如何参与治理工作，且随着我国社会主要矛盾的转变，既要解决好各种社会矛盾，又要补齐社会建设的短板，坚持以人民为中心的发展观，推动实现"两个一百年"奋斗目标②。沈筱芳在《党的十八大以来社会治理理念的创新》一文中认为，从社会管理到社会治理，从提高社会治理法治化水平到构建新的社会治理模式、促进社会治理的精细化，我们党积极开展社会治理的理论创新，使以社会治理为核心的社会建设取得新的成绩③。向春玲在《加强和创新社会治理的新思路与新举措》中指出，社会治理的创新是我国社会转型的客观要求和必然趋势，党的十九大报告提出了社会治理的新理念和新举措，包括建立社会共建共治共享的治理格局，完善"法治+德治"的制度建设，提高社会治理四化水平和健全公共安全、社会治安防控、社会心理服务、社区治理四大体系建设④。李培林在《用新思想指导新时代的社会治理创新》中提出，我国社会经济正逐渐发生改变，这对社会治理提出了新的挑战，在党的十九大以后，要以习近平新时代中国特色社会主义思想为指导，完善新的社会治理

① 许耀桐：《当代中国国家治理体系分析》，《理论探索》2014年第1期。
② 张晓杰：《"改革开放40年社会治理创新"学术会议综述》，《党政论坛》2018年第12期。
③ 沈筱芳：《党的十八大以来社会治理理念的创新》，《中国党政干部论坛》2017年第5期。
④ 向春玲：《加强和创新社会治理的新思路与新举措》，《治理现代化研究》2018年第3期。

体制，创新社会治理①。张翼在《社会治理思想的新发展——近期社会治理研究中的热点问题》中主张，治理是多元主体之间的良性互动，需要多方主体共同参与，要在法治保障的前提下，建立良法，形成良治②。王维国在《推进新时代社会治理新实践》一文中认为，要保障社会治理法治化新发展，务必从创新社会治理理念、完善社会治理体制、加强社会治理体系建设出发，从公共安全、乡村社区治理等方面，将社会治理落到实处③。

向德平、苏海（2014）提出，社会治理是一种以人为本的治理方式，将各行为主体间的相互合作以及各方主体广泛参与作为治理基础，在科学完善的法律政策之下，可以更好地维护社会稳定，促进社会资源合理配置，满足各方主体的合理需求④。王浦劬（2014）认为社会治理是指在执政党领导下，以政府组织作为主导力量，广泛吸纳多方面治理主体参与，对社会公共事务进行的治理活动⑤。除了对于社会治理内涵的研究之外，还有诸多学者对社会治理的实现路径进行了深度研究，并得出了许多建设性的成果。其中徐猛（2014）提出发挥党委政府的领导和引导作用对实现社会治理现代化具有重要作用⑥。在社会治理之中，农村基层社会治理是其中的重中之重，李红娟、董彦彬（2021）强调农村社会基层治理是国家治理的微观基础，也是建设国家和社会治理现代化的关键环节⑦。近年来，法治国家建设热情高涨，社会治理法治化的研究也被提升到了一个全新的高度。徐汉明（2014）提出国家治理

---

① 李培林：《用新思想指导新时代的社会治理创新》，《人民日报》2018年2月6日07版。

② 张翼：《社会治理思想的新发展——近期社会治理研究中的热点问题》，《人民论坛》2018年第16期。

③ 王维国、王石磊：《推进新时代社会治理新实践》，《内蒙古社会科学》（汉文版）2019年第1期。

④ 向德平、苏海：《社会治理的理论内涵和实践路径》，《新疆师范大学学报》（哲学社会科学版）2014年第35（06）期。

⑤ 王浦劬：《国家治理、政府治理和社会治理的含义及其相互关系》，《国家行政学院学报》2014年第3期。

⑥ 徐猛：《社会治理现代化的科学内涵、价值取向及实现路径》，《学术探索》2014年第5期。

⑦ 李红娟、董彦彬：《中国农村基层社会治理研究》，《宏观经济研究》2021年第3期。

法治化是指国家治理者与社会参与者树立法治思维、运用法治方式，将法律法规与乡规民约习俗结合，构建高效公平的制度体系，优化社会资源配置，有效预防和化解冲突与风险，国家与社会实现"良法善治"，实现经济社会快速发展[①]。姜裕富、齐卫平（2015）指出社会治理法治化重点在于源头治理，强调源头治理要凭借道德规范，在社会生活中融入法治精神，推动建立规则意识、契约精神[②]。作为社会治理中重要组成部分的基层社会治理法治化在乡村振兴战略的指引下，如何提升基层社会治理的法治化水平，推动基层社会治理能力的增强，成为学界重点关注的问题。在提升基层社会治理法治化水平 的路径选择上，王增杰（2015）强调要发挥基层党组织在基层治理法治化中的重要作用、增强基层干部法治观念和法治为民意识、加强基层干部依法办事能力建设、加强基层法治机构和法治队伍建设、建立重心下移、力量下沉的法治工作机制[③]。戚晓霞（2019）认为实现农村社会治理法治化就必须要通过调转程序和实体制度的设计方向[④]。赵璐（2020）认为实现农村基层社会治理法治化必须符合乡村振兴战略的目标要求，从完善法律保障、培育治理主体、加强执法队伍建设和弘扬法治文化等方面着手[⑤]。

综上所述，社会治理法治化是实现国家治理体系和治理能力现代化的必经之路，其意义十分重大。近年来，学界对于社会治理法治化的研究呈现出多维度、多层次的特点，取得了诸多创新性的成果，对于提升农村基层社会治理法治化水平路径的 探索日益成为各方的研究重点。在区域治理领域，市域、县域、村域的社会治理板块，是整个国家社会治理的基 本构成单元。在

---

① 徐汉明：《推进国家与社会治理法治化》，《法学》2014 年第 11 期。

② 姜裕富、齐卫平：《社会治理法治化中的源头治理与道德机制建设》，《求实》2015 年第 4 期。

③ 王增杰：《推进基层治理法治化的思考》，《中共山西省直机关党校学报》2015 年第 1 期，第 40-44 页。

④ 戚晓霞：《农村社会治理法治化路径研究》，青岛大学2019 年硕士论文。

⑤ 赵璐：《乡村振兴战略背景下农村基层治理法治化研究》，上海海洋大学2020 年硕士论文。

市域社会治理板块，廉耀辉、何得桂（2021）认为要想建立良好的市域法治环境，就必须要构建科学完备的法律法规保障体系，就必须要加强城乡社会协同治理力度以及建设权责统一的法治政府①。曲亚囡、李雪妍（2021）认为市域社会治理现代化的法治要求主要有完整的法治思维、完善的法治体系、具有依法治理能力②。在县域治理板块，唐惠敏、范和生（2021）强调县域治理是国家治理的基本组成部分，在国家治理体系中处于基石地位③。郑志龙、刘潇阳（2018）认为县级政府社会 治理能力的提升应从创新社会治理理念、完善政府内部管理制度、优化社会治理工具三方面着手④。孙琦、张本富、王培根等（2020）认为全面推进县域治理体系和治理能力现代化就必须要推进依法治县⑤。谭明方、郑雨晨（2021）认为促进县域社会城乡融合发展首先就要促进城乡政治融合发展，完善县域社会治理体系，提升县域治理能力⑥。在村域治理板块，刘茂林、王鸾鸾（2021）认为当代村域社会治理是一项包含多元治理主体与多种治理资源的系统性工程，集合了由国家公权力、社会公权力以及党行使的公权力所构成的多元权力结构⑦。由上可知，社会治理基本组成单元的市域、县域、村域社会治理，共同组成了整个国家的社会治理体系，推进区域治理法治化、现代化对于提升整个国家的治理能力的重要性不言而喻。

---

① 廉耀辉、何得桂：《市域社会治理法治化水平提升路径研究》，《西部学刊》2021 年 5 期。
② 曲亚囡、李雪妍：《市域社会治理现代化的法治思维与法治路径》，《佳木斯大学社会科学学报》2021 年第 39（01）期。
③ 唐惠敏、范和生：《县域社会治理：问题指向、核心目标与路径实践》，《宁夏社会科学》2021 年第 3 期。
④ 郑志龙、刘潇阳：《县级政府社会治理能力的制约因素与提升路径——基于河南省四县的调查与思考》，《中州学刊》2018 年第 6 期。
⑤ 孙琦等：《推进县域治理体系和治理能力现代化——以肥东县为例》，《中共合肥市委党校学报》2020 年第 5 期。
⑥ 谭明方、郑雨晨：《"城乡融合发展"视角的县域社会治理研究》，《南开学报》（哲学社会科学版）2021 年第 2 期。
⑦ 刘茂林、王鸾鸾：《法治乡村视野下村域社会治理的权力配置及其优化》，《中南民族大学学报》（人文社会科学版）2021 年第 41（05）期。

陈鹏在《中国社会治理40年》中提出社会治理主体单一的国家主体向多元主体包括国家、社会组织、公众等主体转变；治理对象由问题导向的消极社会治理向需求导向的积极社会治理转变；治理手段由行政手段向行政、法律、经济、道德等综合手段转变等[1]。叶静漪在《新时代中国社会治理法治化的理论创新》中指出社会治理指的是多元主体治理社会公共事务的行为[2]。燕继荣在《社会变迁与社会治理——社会治理的理论解释》中强调法治与自治双重作用，实现政府与社会的协同治理，推动社会治理建设[3]。吴超在《中国社会治理演变研究》中指出，要从社会治理的主体、对象、内容、功能、手段来理解社会治理的概念。社会治理主体包括党委政府以及非政府部门等多元主体；社会治理的对象是社会，即社会生活、社会事务等各个领域等；社会治理的内容则是随着社会变迁不断变化；社会治理的功能是多种多样的，体现在对社会关系、社会问题、社会行为等方面的协调与规范控制；社会治理手段包括法律、道德、价值等[4]。孙柏瑛在《开放性、社会建构与基层政府社会治理创新》中提出基层治理是社会治理的重点，是国家治理的基础，基层是国家政权与社会自治力量的交汇场所，国家权力想要在基层获得有效支持，必须在这个交汇场所中发挥自己的治理功能[5]。龚维斌在《加强和创新基层社会治理》中提出基层社会治理区别于基层政府治理，基层社会治理具有自治性与社会性双重性质，更加注重社会力量的作用，将社会力量作为治理主体，并且直接面向群众，是社会治理的单元，也是社会矛盾纠纷化解的源头[6]。改革开放以来，社会变迁与制度变革使得基层事务更加繁重复杂，人民

[1]　陈鹏：《中国社会治理40年：回顾与前瞻》，《中国社会科学文摘》2019年第5期。

[2]　叶静漪、李少文：《新时代中国社会治理法治化的理论创新》，《中外法学》2021年第33（04）期。

[3]　燕继荣：《社会变迁与社会治理——社会治理的理论解释》，《北京大学学报》（哲学社会科学版）2017年第54期。

[4]　吴超：《中国社会治理演变研究》，华中科技大学出版社2020年版。

[5]　孙柏瑛：《开放性、社会建构与基层政府社会治理创新》，《行政科学论坛》2014年第1（4）期。

[6]　龚维斌：《加强和创新基层社会治理》，《理论导报》2020年第9期。

利益诉求多元化，基层治理面临诸多挑战。夏周青在《基层社会治理存在的问题和解决思路》提出基层各类矛盾纠纷日趋复杂，民生保障、公共服务等方面的问题不断涌现，传统的社会管理机制接近崩溃①。陈跃在《社会主要矛盾转化与基层社会治理创新探析》提出基层社会治理过程中的法治理念不够深入，法治治理机制不完善②。基层社会治理城乡有别，要合理把握城乡二者关系，形成良性互动。刘恒在《基层治理法治化与法律风险管理》中提到要做好城乡统筹工作，城市与农村共同落实，城乡社区治理协同发展③。李皋在《基层治理七十年》中提到在城乡融合发展的大背景之下，部署研究新时代城乡融合之下的治理问题④。基层矛盾化解纳入法治轨道是必然要求。刘恒在《基层治理法治化与法律风险管理》中提到实现法治化是基层治理创新发展的必然趋势，更是实现治理现代化的重要渠道⑤。彭澎在《基层治理法治化的逻辑构成与结构范畴研究》中提出将法治理念与模式渗透到基层社会治理的各个要素与体制机制中，才能真正推动治理现代化的实现⑥。夏周青在《基层社会治理存在的问题和解决思路》中提出要改进政府理念，以服务为主，畅通民众表达渠道，推动公众参与⑦。黄浩明在《建立自治法治德治的基层社会治理模式》提出要充分发挥基层社会自治作用，建立自治法治德治联动协同的基层社会治理模式⑧。李敏在《村规民约在基层情境治理中的法治功能分析》中提到基层治理要以正式法律规范为基础，同时以村规民约等软法作为补充，共同实现基层社会的法治化治理⑨。

① 夏周青：《基层社会治理存在的问题和解决思路》，《中国党政干部论坛》2015年第12期。
② 陈跃、余练：《社会主要矛盾转化与基层社会治理创新探析》，《理论探索》2020年第4期。
③ 刘恒、徐武：《基层治理法治化与法律风险管理》，中国法制出版社2019年版。
④ 李皋：《基层治理七十年》，中国民主法制出版社2019年版。
⑤ 刘恒、徐武：《基层治理法治化与法律风险管理》，中国法制出版社2019年版。
⑥ 彭澎：《基层治理法治化的逻辑构成与结构范畴研究》，《政法论丛》2017年第2期。
⑦ 夏周青：《基层社会治理存在的问题和解决思路》，《中国党政干部论坛》2015年第12期。
⑧ 黄浩明：《建立自治法治德治的基层社会治理模式》，《行政管理改革》2018年第3期。
⑨ 李敏：《村规民约在基层情境治理中的法治功能分析》，《广西民族大学学报》（哲学社会科学版）2019年第2期。

二、关于基层社会治理法治化相关研究

（一）法治在基层的重要地位

赖早兴提出，国家治理体系现代化和治理能力发展的正确方向有赖于宪法和法律的保证。具体说，就是需要相应水平的法律法规来确认国家治理体系和治理能力的制度化、标准化和程序化[①]。迟福林指出，注重法治是国家治理转型中的关键。法治是第一位的，法治是最重要的，并要求要逐步形成依法治国的局面[②]。季卫东提出，构建法治秩序和有效建设法治的重要性可以保护国家的进步，维护国家的基本权利，人民的根本利益。这是一个历史性的进步。这也符合改革开放的需要。"随着经济改革的深入，法治的重要性日益凸显，成为基本共识社会"[③]。

（二）基层治理法治化的研究方法

吴锦良通过个案研究，选取浙江具有代表性的基层作为研究对象，提出实现基层治理网格化，在建构和培育社会组织基础上创新基层协同治理的新格局，为基层治理提供必要保障[④]。彭澎从审视西方民主政治模式的宪政治理的角度出发，较为全面地展现农村基层治理变革法治转型的情况，分析了其法治转型的基本态势，并从农村的经济结构、社会结构、政治结构和思想结构四个角度来指出农村社会的基层治理正在发生重大变化。在我国宪法赋予的权利下，农村基层治理不断发展变化，治理合法化正在形成[⑤]。

（三）基层治理法治化路径研究

崔玉珍指出，"社会法庭"是河南省基层社会法治化治理的一个创新产品，

---

① 丁伟：《法治是实现国家治理体系现代化的必然路径》，《上海人大》2014年第3期。

② 迟福林：《国家治理体系转型需过四道坎》，《时代周刊》2014年第7期。

③ 季卫东：《法治中国》，中信出版社2015年版。

④ 吴锦良：《基层社会治理》，中国人民大学出版社2013年版。

⑤ 彭澎：《农村基层治理变革的法理创新与法治转型研究》，湖南人民出版社2014年版。

在司法实践多次尝试解决农村社会法问题①。陈天翔等详细分析了基层治理中的国家与社会，从角色、动力与行为三方面进行研究，认为中国国家治理结构演进之路径，即从"磁斥"到"耦合"，并指出在耦合治理影响下，社会治理可以增强基层社会的认同，提升沟通能力，可以规范有序引导基层治理②。

（四）全面依法治国相关理论研究

我国古代历来有"隆礼重法"的传统，法律制度与治国之道之间的联系源远流长，全面依法治国就是在法治的轨道上，推进社会治理现代化，为国家治理、社会治理提供法治保障。习近平总书记在2019年2月25日召开的中央全面依法治国委员会第二次会议上强调，改革开放40年的经验告诉我们，做好改革发展稳定各项工作离不开法治，改革开放越深入越要强调法治，要完善法治建设规划，提高立法工作质量和效率，保障和服务改革发展，营造和谐稳定的社会环境，加强涉外法治建设，为推进改革发展稳定工作营造良好的法治环境③。徐汉明在《"习近平社会治理法治思想"的核心要义及其时代价值》一文中主张，要提高互联网背景下社会治理现代化水平，不仅要将思想统一起来，跨行业多部门联动协作融合，政府、社会组织、公民共同参与公共事务的治理，还要运用法治方式，从法治政府建设、推进行政决策科学化、法治化等方面，提高治理效能④。李林在《依法治国与推进国家治理现代化》中指出，依法治国与国家治理的关系是相辅相成、相互作用、相互影响的，在全面依法治国基本方略下，可从立法、行政、依法执政等方面推进国

---

① 崔玉珍：《法治在当前乡土社会中的困境——河南省巩义市社会法庭之调研》，《中国政法大学学报》2015年第1期。

② 陈天翔等：《基层社会治理中国家与社会：角色、动力与行为》，中山大学出版社2015年版。

③ 习近平主持召开中央全面依法治国委员会第二次会议强调，完善法治建设规划，提高立法工作质量和效率，为推进改革发展稳定工作营造良好法治环境。

④ 徐汉明：《"习近平社会治理法治思想"的核心要义及其时代价值》，《政策》2018年第7期。

家治理现代化和法治化①。公丕祥在《深入推进全面依法治国》中认为，我国的法治现代化是符合我国国情，在社会变革中探索出来的具有中国特色的产物，随着我国经济社会的发展，法治建设亦在不断完善，同时放眼世界，与世界法治文明相互交流、共同进步，为人类政治文明发展贡献出中国力量②。蓝蔚青在《全面依法治国的重大意义和丰富内涵》一文中提到，从马克思主义发展的各个阶段来看，全面依法治国对国家建设、人民民主、政党建设有重大意义③。钱弘道在《"法治浙江"：习近平全面依法治国思想的前期探索》一文中主张，一切法治建设工作都是以人民的根本利益为出发点，且一切工作都要围绕这个宗旨，要将法治建设的工作重心下移，重视基层法治建设，打造示范点，突出示范引领作用，用法治思维推动市场经济稳健发展④。张铁英在《关于新时期依法治理工作的思考》中提出，党的十八届四中全会以依法治国为主题，在法治的大环境下，提出推进多层次多领域依法治理工作，提高社会治理法治化水平，是推进全面依法治国基本方略、加快法治社会建设的内在需要，亦是维护社会和谐稳定、实现国家长治久安的具体举措⑤。李林（2013）认为作为中国梦的重要组成部分，推进全面依法治国，是中华民族伟大复兴的历史任务和奋斗目标⑥。张文显（2017）探索性地将新时代全面依法治国、建设法治中国的新思想、新方略和新实践概括为：保持法治定力、发展法治理论、提升法治方略、拓展法治道路、深化法治实践、统筹法治改革、建设法治强国、加强法治领导⑦。在推进全面依法治国的范围上，张帅梁

---

① 李林：《依法治国与推进国家治理现代化》，《社会治理法治前沿》2017年年刊。

② 公丕祥：《深入推进全面依法治国》，《中国司法》2018年第8期。

③ 蓝蔚青：《全面依法治国的重大意义和丰富内涵》，《中共市委宁波党校学报》2015年第4期。

④ 钱弘道：《"法治浙江"：习近平全面依法治国思想的前期探索》，《桂海论坛》2015第6期。

⑤ 张铁英：《关于新时期依法治理工作的思考》，《中国司法》2015年第9期。

⑥ 李林：《全面推进依法治国，努力建设法治中国》，《北京联合大学学报》（人文社会科学版）2013年第11（03）期。

⑦ 张文显：《新时代全面依法治国的思想、方略和实践》，《中国法学》2017年第6期。

（2018）强 调建设法治乡村是建设法治国家的重点内容①。故而，推进农村基层社会治理法治化也是全面依法治国战略题中应有之义，杜艳艳（2021）认为要想把握新时代法治乡村建设的科学内涵就必须从涉农法律法规体系的进一步完善、涉农行政执法体系的改革、乡村司法保障的强化、基层社会各方主体法治意识的提高及农村公共法律服务体系的全面建设等方面进行把握②。

综上所述，推进全面依法治国战略是实现中国梦的必然要求，也是建设法治国家的必要路径。全面依法治国作为一项涉及面广，推进环节复杂的国家性战略，农村基层社会治理法治化也是其中必不可少涉及的领域。推进农村基层社会治理法治化，对于实现全面依法治国，建设社会主义法治国家有着极其重要的作用。

（五）基层治理法治化研究

对基层治理的法治化研究，应单纯从"法治"角度进行分析，阐述法治在基层治理中的重要性；也有依法治理方面的论述，探讨运用法治方式进行基层治理的种类和途径；还有从政府在基层治理中扮演的角色展开讨论，强调政府在基层治理法治化过程中的意义和作用。赵秀玲在《近年来中国基层治理创新趋向及其思考》一文中指出，依法治理创新已经成为基层治理的大趋势，"微治理"、依法治理及权力清单制度成为基层治理创新的突出特点，并强调了要处理好国家政策与基层治理创新的关系、克服基层治理创新不平衡和填补基层治理创新的短板问题③。任芙英在《如何实现社会治理法治化》中认为，一是完善中国特色社会主义法治体系，加强基层法治政府建设，二是提升司法公信力，培育法治信仰，是实现社会治理法治化，提升社会治理

---

① 张帅梁：《振兴战略中的法治乡村建设》，《毛泽东邓小平理论研究》2018 年第 5 期。

② 杜艳艳：《新时代法治乡村建设的理论创新与实践发展》，《哈尔滨工业大学学报》（社会科学版）2021 年第 23（02）期。

③ 赵秀玲：《近年来中国基层治理创新趋向及其思考》，《福建论坛》（人文社会科学版）2017年第8期。

水平的主要途径①。陈景在《基层社会治理法治化探析》一文中提到，提高基层治理法治化水平，不仅是国家治理体系和治理能力现代化的重要体现，还是检验国家法治建设成果的重要内容，运用法治方式创新基层社会治理，以促进经济社会的良性发展和基层的和谐稳定②。孙雪在《地方政府实现社会治理法治化的路径选择》中提出，"法治型社会治理模式"是社会治理创新的重要思路，地方政府在社会治理法治化中应是调控者、引导者、服务者和整合者的多重角色，通过政府职能的转型和体制改革，促进社会力量的发展，遵循社会治理的逻辑规律，才能实现与社会的良性互动，达成社会善治的良好局面③。陶进华在《推进社会治理法治化应当关注的几个问题》中指出，随着我国经济的快速发展，我国社会出现了一些新的问题和挑战，而要解决这样问题，唯一的办法就是坚持推进多层次多领域依法治理，进一步提高社会治理法治化水平，在重塑政府与社会的关系、健全法律法规与制度建设和重视基层依法治理工作方面，推进社会领域依法治理和法治化建设④。刘佳义认为依法治国需要在基层得以具体实践——基层治理法治化，而基层治理法治化，就是在中国共产党的领导下通过法律来治理包括基层政治、经济、文化等一切需要依法管理的活动，同时将基层所有可以由法律调控的事务都纳入规范化、法律化的轨道，包括公民的个人行为⑤。还有部分学者从法治在基层的重要地位出发，阐明基层治理法治化的重要性，解释了基层治理法治化的重要意义：学者辛向阳认为法律规则规范、约束了国家治理体系中一切的权力主体或是权利主体各自的功能活动和权利行为，实现了规则的互动，稳固了基层发展。学者迟福林非常肯定法治在基层的重要地位，认为法治是第一位的，法治是最重要的，并要求要逐步形成依法治国的局面。徐耀通教授主张，政

① 任芙英：《如何实现社会治理法治化》，《人民论坛》2019年第2期。
② 陈景：《基层社会治理法治化探析》，《清江论坛》2017年第3期。.
③ 孙雪：《地方政府实现社会治理法治化的路径选择》，《经营管理者》2014年第2期。
④ 陶进华：《推进社会治理法治化应当关注的几个问题》，《成都行政学院学报》2015年第5期。
⑤ 刘佳义：《推进基层治理法治化》，《光明日报》2014年12月08日01版。

府制度和能力的现代化需要民主和法治的制度化、标准化和正规化，这将有助于进一步提高一个国家依法治国的能力。另外是对基层治理法治化的实践研究。吴锦良选择浙江基层做个案研究的研究对象，提出通过实现基层治理网格化创新基层治理格局，确保基层治理的创新化发展和健康发展。彭澎站在审视西方民主政治模式中的宪政角度，展现了农村基层治理法治化的情况，从农村的经济结构、社会结构、政治结构和思想结构四个角度来分析其法治化的基本趋势[①]。根据中国宪法赋予的权利，农村治理不断发展和变化，治理的法治化正在形成。崔玉珍指出，"社会法庭"是河南省基层法治化治理的一个创新产品，司法实践多次尝试解决农村社会法问题[②]。麻永晶的《基层治理法治化的推进及问题研究——以东营市东营区为例》深刻分析东营市东营区基层治理法治化的现状，归纳总结了基层治理法治化进程中基层治理在领导机制、政策法规机制、协同机制、监督机制、价值培育机制等方面取得的成绩，促进了全国基层治理法治化。为加快推进全国基层治理法治化提供借鉴。李亮的《基于派出所法律实施的基层社会治理法治化——以浙江K派出所为例》，从拥有执法人员数量最多的基层执法机构的视角出发诠释了推进基层治理法治化需要派出所法律实施所展现出来的四大法治功能作为桥梁，并提出派出所要从人口管理、行政执法、刑事司法、严格遵守程序原则等方面为基层治理法治化提供理论支持和行动前锋[③]。沈月娣、罗景华、李官金等人在《农村基层治理法治化建设研究——以浙江省湖州市、丽水市为例》中提出可以通过提高人们的法治意识和改变人民的法治思维习惯，并正确界定权利和责任范围，完善基层治理组织机构等，我们可以不断推动从人情村向法治村

---

① 彭澎：《基层治理法治化的逻辑构成与结构范畴研究》，《政法论丛》2017年第2期。

② 崔玉珍：《法治在当前乡土社会中的困境——河南省巩义市社会法庭之调研》，《中国政法大学学报》2015年第1期。

③ 李亮：《基于派出所法律实施的基层社会治理法治化——以浙江K派出所为例》，《北方法学》2017年第2期。

的转变，从而实现法治的基层治理[①]。

第三节　研究现状综述

总起来看，国外关于法治化的研究是具有其理论渊源的，关于基层社会的法治化研究的历史也比我们长，实践经验也比我们丰富，并且在治理主体、治理模式、制度保障等方面已经形成了较为成熟和完备的基层社会治理理论，对于我国的基层社会治理法治化探索和实践有着积极的借鉴意义。但每个国家和社会的情况不同，尤其是作为社会主义制度国家的我们，其基层社会治理人口之多，情况之复杂，矛盾之叠化都是没有模板可循的。国外的治理理论只能在特定的某些方面提供借鉴，我国基层社会治理法治化治理模式还得依靠我们自己"摸着石头过河"。

从目前国内关于基层社会治理法治化治理的研究来看，广大学者普遍对基层治理的基本方式已经达成共识，也都认可法治在基层社会治理中的重要地位和重大意义，并在一些具有创新性的社会治理产品上给予重点关注。但在如何促进基层社会治理法治化措施的研究上，可行性还不够。大多数研究多是从固定的几个治理因素出发来确定措施，没有形成可复制的、成熟的、可以有效推广的治理经验和模式。我国的基层社会治理情况千差万别，研究方法从个案出发也是主要的研究方式。但如何从具体回到一般，从纷繁复杂的具体情况中抽象概括出治理规律，这方面的研究有待深入。

---

① 沈月娣等：《农村基层治理法治化建设研究——以浙江省湖州市、丽水市为例》，《浙江师范大学学报》（社会科学版）2017年第42期。

第二章　基层社会治理法治化概述

第一节　新时代社会治理与基层社会治理

一、社会治理的含义

社会治理是中国特有的概念，是在推进国家治理体系和治理能力现代化大背景下提出来的，这标志着我国社会管理理论与实践的发展与创新达到了一个新的高度，是一种重大的范式的转变。

（一）社会治理

什么是社会治理？长期以来，我国使用得更多的是"社会管理"这一概念。党的十八届三中全会首次使用了"社会治理"这一概念，从国家战略的高度对治理理念和治理思想的中国特色的诠释。在《中共中央关于全面深化改革若干重大问题的决定》中，在"创新社会治理体制"的小标题下，用了1000字左右的篇幅，阐述了一个新的执政理念——"社会治理"①。那么社会管理和社会治理的关系和区别是什么？在《决定》中为什么要用社会治理取代社会管理？这些问题成为学界研究的热点。党的二十大报告中提出实现中华民族的伟大复兴、全面建设社会主义现代化强国要做到"两个结合"，即把马克思主义基本原理同中国具体实际相结合，同中华优秀传统文化相结合。界定社会治理的概念，同样需要结合中国文化和具体国情，结合新中国成立一

---

① 唐钧：《社会治理的四个特征》，《北京日报》2015年3月2日。

直以来国家管理、社会管理的发展和实践经验。可以说"社会治理"是"社会管理"是升级版，就是在党委领导下，在政府主导下，发挥多元主体作用，立足公平正义，以维护群众合法权益为核心，协调利益关系，处理社会问题，化解社会矛盾，防范社会风险，促进社会认同，保障公共安全，实现维护社会和谐稳定的目标。其中，治理主体：一核多元、融合共治；治理原则：公平正义；治理任务：六个方面；实现目标：和谐稳定。认真梳理社会治理的基本理论，对于基层社会治理的创新发展是十分必要的。

我国社会治理是指在党的领导下，由政府主导，各类社会力量乃至民众参与的对社会进行的管理。当前我国社会治理活动主要表现为三种具体形式：政府对社会的直接治理活动、政府与各类其他主体及民众合作治理活动、基层群众自我管理的活动。社会治理主要以保障民生、改善福利、化解矛盾为主要内容，以最终实现社会公平正义及和谐稳定。

党的十八届三中全会确定的国家治理体系和治理能力现代化，社会主义制度改革的深化，包括国家、政府和社会各层面的治理内容。国家治理体系包括1+5的制度体系，具体是指党的建设的制度体系以及经济建设、政治建设、文化建设、社会建设、生态文明建设五个方面的制度体系，六个方面的制度体系构成国家治理体系。国家治理包括两个方面的内容：即政府治理和社会治理。二者共同构成了国家治理的一部分，其中还有交叉的地方，在国家治理中，必须强调政府和社会是要合作的。

首先，国家治理是总体性的，包括各个领域和各个层面的治理。党是国家治理的核心力量，党领导立法，行政，司法等机构实现各领域有效的治理，政府是国家治理的执行机构，政府对自身的市场的和社会领域的治理活动，实质上是行使国家治权的表现形式。国家治理涉及国家建设和发展的所有层面，社会领域是其中的一个具体方面。国家层面的治理规范引领社会治理活动的具体实施。《中华人民共和国老年人权益保障法》《中华人民共和国残疾人保障法》《中华人民共和国妇女权益保障法》《中华人民共和国公益事业捐赠法》等，虽然国家立法对社会治理活动没有产生直接规范作用，但是引领了社会治理活动的具体实施。所有关于保障和改善民生的国家立法，都是促进社会有效治理的国家治理活动。还有一些国家基本法对于一定范围的社会变迁也产生着重要的影响。

其次，政府治理与社会治理密切相关。当前我国的社会治理表现为三种形态：政府通过行政管理对社会的直接治理、政府与各类社会团体及群众协同进行治理，以及基层民众自我治理。国家对社会的治理主要通过政府具体实施完成。政府治理的重要内容是通过行政行为管理社会公共事务以及为民众提供公共服务。当前我国社会治理的具体内容和主体形态多数由政府主体完成。对于社会治理的创新，多数也体现在政府主体做出的创新活动上。社会团体以及民众个人与政府一起参与社会治理，既是社会变革的产物，又是政治进步的必然结果。政府与社会合作治理的有效性与政府主体行为密切相关，需要政府通过改革理顺两者关系。在社会治理的所有主体中，政府在其中占主导地位，其他主体的活动在政府的引导下进行[①]。党的二十大报告指出，十年来，中国特色社会主义制度更加成熟更加定型，国家治理体系和治理能力现代化水平明显提高。同时强调"健全共建共治共享的社会治理制度，提升社会治理效能。完善正确处理新形势下人民内部矛盾机制，加强和改进人民信访工作，畅通和规范群众诉求表达、利益协调、权益保障通道，完善网格化管理、精细化服务、信息化支撑的基层治理平台，健全城乡社区治理体系，及时把矛盾纠纷化解在基层、化解在萌芽状态。加快推进市域社会治理现代化，提高市域社会治理能力。强化社会治安整体防控，推进扫黑除恶常态化，依法严惩群众反映强烈的各类违法犯罪活动。发展壮大群防群治力量，营造见义勇为社会氛围，建设人人有责、人人尽责、人人享有的社会治理共同体。"这就对"完善社会治理体系"提出了明确目标和具体要求。

（二）市域社会治理

"市域社会治理"是国家治理在市域范围内的具体实施，具有承上启下的

---

① 洪碧华：《新时代农村基层治理法治化研究》，中国原子能出版社2021年版。

枢纽作用，是在市域范围内统筹谋划和实施的社会治理，是推动基层治理现代化的前沿指挥部。"市域社会治理现代化"就是要按照中央关于社会治理现代化的总体要求，以设区市为主要治理载体，以治理理念现代化、治理体系现代化、治理能力现代化为重点内容，加快提升社会治理的社会化、法治化、智能化、专业化水平的发展过程。

主要内容：一是主体上多元社会主体合作共治。市域社会治理不再是党委和政府的独角戏，而是在党的领导下，政府、市场、社会多元主体在社会治理中协同协作、互动互补、相辅相成作用，从而推动社会和谐发展，保障社会安定有序。二是内容上运用党建、法律、道德、科技等社会规制手段开展的社会行动，充分发挥政治、自治、法治、德治和智治的重要作用。三是方式上不再是简单的管理与被管理、控制与被控制的关系，而是社会各方主体平等协商、合作互动的关系。

重点领域：一是完善正确处理新形势下人民内部矛盾有效机制。通过网格队伍、网格管理与网格动态，实现"一网格便民""一站式服务"，提供社会保障、助残养老、公共交通、公共卫生、环境保护、文教体育等基本公共服务，系统推动法治建设、依法行政、法制教育等，实现从源头上化解社会矛盾，达到关口前移、源头治理的效果；二是完善社会治安防控体系。整合与社会稳定矛盾风险防控相关管理资源、信息资源和社会资源，实现心防管理，重大风险评估、群体性事件管理、社会风险预警、舆情信息管理等；三是健全公共安全体制机制。实施隐患排查动态监督，对公共卫生事件、突发性灾害、社会性群体事件以及安全生产管理进行动态监控，实现各类风险的自动识别、预警，及时整治追踪、监督反馈；四是构建基层社会治理新格局。融合条线治理力量，搭建部门数据信息向基层直通的快车道，实现"自下而上"的纵向业务管理和"自上而下的垂直跟踪管理"，通过社会治安综合治理、扫黑除恶综合管理、居民管理、社区管理、平安系列创建，进行上下级、各部门之间的横向协同管理，打造基层治理现代化之路的新格局。

基本遵循：一要遵循共建共治共享的社会治理制度。党的十九届四中全会提出坚持和完善共建共治共享的社会治理制度，标志着我们党对社会治理规律认识的不断深化。共建即全体人民共同参与社会建设，是社会治理的基础；共治即全体人民共同参与社会治理。打造全民参与的开放治理体系；共享即全体人民共同享有社会治理成果，社会治理成效更多更公平地惠及全体人民。二要遵循"党委领导、政府负责、民主协商、社会协同、公众参与、法治保障、科技支撑的社会治理体系"。完善总揽全局、协调各方的党委领导体制；完善联动融合、集约高效的政府负责体制；完善开放多元互利共赢的社会协同体制；完善人人尽责、人人享有的公众参与体制。

（三）社会治理的特征

党的十九大报告提出了打造"共建共治共享"的社会治理新格局，并将其列为加强和创新社会治理的七大战略措施之一，突出强调了新时期社会治理的基本格局。"共建"意味着多方合力合资，"共治"突出各方合智合作，"共享"则关注公益共赢，三者的中心集中于一个"共"字①。因此，"共建共治共享"体现了社会治理的公共性、多元性、跨界协商性和共生性②。

1. 治理主体多元并存

实现基层治理法治化，最终离不开主体的参与。社会是由各个社会阶层和社会群体构成的，不同的阶层和群体的经济利益、社会地位和政治诉求都是不一致的。治理主体是基层社会治理法治化的实施者、践行者，是对基层社会发展发挥重要作用、产生重要影响的组织、个人的总称。当前，随着社会的不断发展，社会主要矛盾的转变，我国的经济、社会、阶层结构都发生了深刻的变化，分化出来了一些新的社会阶层和群体，利益群体的多元化趋势出现，民间社会组织大量涌现，随之而来的是基层社会治理中出现了诸多的新情况、新问题、新特点。房屋拆迁问题、利益分配问题、环境污染问题、

---

① Stoker, Gerry, "Governance as Theory：Five Propositions", International Social Science Journal，Vol.68，2018，pp.15-24.

② 王名、董俊林：《关于新时代社会治理的系统观点及其理论思考》，《行政管理改革》2018年第3期。

医疗保障问题等等，矛盾纠纷的复杂性、利益诉求的多元性，发展任务的艰巨性等越来越显现，这就决定了基层社会治理主体不能是单一的，主体的多元性成为新时代基层社会治理现代化的必然选择和鲜明特征。社会治理必须非常重视治理主体的多元化——不论多数少数，不论强势弱势，不论公利民营，共同参与社会治理，共同分享发展成果。

2．治理方式多种多样

实现基层社会治理现代化，面对复杂的新情况、新问题，社会治理的动态性、发展性和延续性决定了既不能靠"一刀切"的规章条例，在任何时间空间条件下，采取相同的方式解决问题，更不能靠"运动式"的办法，在短时间内一蹴而就。需要因地制宜、因势利导，更多地采用经济手段、行业自律、道德教育、科技等手段，采取一系列的协商、对话、协作、谈判、妥协等方式，促进不同主体的沟通协调，更好地配置社会资源、协调解决各类不同的矛盾纠纷。在这一过程中，法律制度是社会治理实现多元共治、互动合作治理的最重要的保障。

3．治理过程注重"互动"

共建共治共享社会治理格局强调各治理主体相互之间的关系、资源优化与互动方式的有序化，实现动态、和谐、有效。社会治理过程中，要引导全社会达成利益共识，要建立一个适合多元主体参与的治理框架和社会机制，使多元主体都能够提出自己的利益诉求，在沟通交流、相互妥协、协商一致的基础上达成社会共识。各级政府要抓好社会治理的责任制，激发社会组织活力，发挥公众积极性，引领和推动社会力量参与社会治理，努力形成社会治理人人参与、人人尽责的良好局面。法治是社会治理的最优模式，也是秩序的基础性保障。加强法治保障体系建设，用法治方式处理社会问题，化解社会矛盾，以法治模式加强和创新社会治理，形成良法善治的法治环境。

4．治理功能机制创新

新时代加强和创新社会治理、实现社会治理现代化的手段和工具是构建共建共治共享社会治理格局，多元主体共建社会治理平台、共治社会治理事务、共享社会治理成果的载体也是构建共建共治共享社会治理格局。构建社会共治机制，包括平等协商对话机制、社会利益均衡整合机制、舆情引导机制等内容，要从不同层面测量和评价社会治理效能，使之成为制定和调整治理政策、改进治理工作决策的重要依据和参考。创新机制需要运用移动互联网、大数据、人工智能等技术。通过推进互联网、人工智能、大数据等现代化社会治理设施的软硬件建设，推动治理数据整合，消除信息共享障碍，确保治理过程隐私安全，提高社会治理智能化水平。

二、基层社会治理

基层治理是对基层地区（如城市社区、农村等）的治理。基层社会治理就是对县区以下社会领域问题的治理，治理主体包括县区、乡镇政府即政府的派出机构，政法部门，还包括城乡基层自治组织、社会组织和居民等社会力量。

基层是社会治理的基础，国家治理现代化离不开基层治理现代化。城市的社区治理、农村的村落治理，都属于基层治理范畴。基层治理涉及面宽、量大、事多，直接面对群众，在整个国家治理体系中占有重要位置。

党的二十大报告在"完善社会治理体系"中，多次提到"基层"，可见党中央对基层社会治理的高度重视。社会治理的重心在基层，在社区，这是新时代社会治理的重要任务的体现，对于基层社会治理的重要性，习近平总书记强调，基层强则国家强，基层安则天下安。基层是社会治理的最前沿，是"中国之治"的根基。习近平总书记在多次的调研中发表多次的重要论述，2020年12月3日，习近平总书记在经济社会领域专家座谈会强调，要加强和创新基层社会治理，使每个社会细胞都健康活跃，将矛盾纠纷化解在基层，将和谐稳定创建在基层。2020年7月23日，习近平视察吉林省长春市宽城区团山街道长山花园社区党群服务中心调研时讲，一个国家治理体系和治理能力的现代化水平很大程度上体现在基层。基础不牢，地动山摇。要不断夯实基层社会治理这个根基。矛盾处理是一个国家、社会长治久安的一个基础性工作。

在如何创新社会治理的问题上，2021年3月，习近平在浙江省安吉县社会矛盾纠纷调处化解中心调研时讲，发源于浙江的'枫桥经验'，它在各个时期都是适用的。小事不出村，大事不出镇，矛盾不上交。把人民群众的事情做好了，处理得有条不紊，老百姓都能够顺心满意。我们这个国家，家和万事兴。在湖北考察时，习近平强调，要着力完善城市治理体系和城乡基层治理体系，树立"全周期管理"意识，努力探索超大城市现代化治理新路子。基层社会治理是国家治理的重要方面，党的十八届三中全会正式提出了社会治理的命题，党的十九届五中全会进一步明确了社会治理的目标和工作重心，指出在"十四五"期间，社会治理特别是基层社会治理水平要达到一个新的高度。由此可见，基层社会治理是社会治理的根基，是基础性工作，良好的基层社会治理能够保障国家长治久安，能够形成共治共享的社会治理格局，可以有效地促进和实现党领导下的政府治理和社会调节、居民自治的良性互动，建设人人有责、人人尽责、人人享有的社会治理共同体，实现共建共治共享。基层治理的创新发展，就是要在新阶段、新形势下创建新格局，要充分体现"中国之治"的优势。

基层社会治理主要是政府和社会组织为促进社会系统协调运转，对社会系统的组成部分、社会生活的不同领域以及社会发展的各个环节进行组织、协调、监督和控制的过程。当前更加凸显出"自治、法治、德治相结合"，这也是我国治理体系治理能力更加完备的表现。在基层治理中，"三治"之间的关系更为巧妙，三者并非简单相加，而是融合发挥作用。自治是社会基层运行的基本方式和依托，是基层社会治理的基础。因此在自治环节我们更强调重心下移，力量下沉，更贴近群众，让人民当家作主真正得到落实，而不是流于形式。法治是根本，是自治与德治的保障，基层治理同样需要法律规范。德治是认同基础，能够发挥预防、调节作用，同时在自治与法治之间起到润滑作用。依法治国与以德治国相结合，通过道德的感化培育家教家风，强化邻里团结，这样更有利于促进社会和谐。党的十九大报告明确指出，加强和创新社会治理，完善党委领导、政府负责、社会协同、公众参与、法治保障的社会治理体制，打造共建共治共享的社会治理格局，这为我们加强基层社会治理工作提供了根本遵循和科学指南。

以自治带动群众参与。早期政府大包大揽、主要靠行政命令解决问题的管理模式难以收到满意成效，而"发动和依靠群众，坚持矛盾不上交，就地解决"的枫桥经验却给治理指出明确方向。为此，各地纷纷结合枫桥经验打开了"自治"的新天地，浙江省象山县的"村民说事"，通过"说、商、办、评"四个环节，说出了乡村和谐，更是说出了民主。赋予群众参事议事的权利，把基层治理的权力真正交给人民群众，也带动了群众参与的积极性。

以法治促进公平正义。法治是社会治理现代化的主要标志。而当前基层，运用法律去解决问题的思维少见，由此引发系列的治安难题。一方面，要推动基层干部用法治思维和法治方式推进治理，另一方面，要在法治的薄弱地带全方位普法，提高群众法律素养和法律意识。更重要的是完善人民调解、行政调解、司法调解联动工作体系，建立健全调处化解基层矛盾纠纷协调配合机制，有效预防和就地化解矛盾纠纷。用法治解决基层难题，切实弘扬法治精神，营造公平正义的良好风范。

以德治提高治理效率。"乡土社会、人情社会"的社会模式依然存在，尤其是在农村地带，"讲人情、说道理"的方式仍旧是处理矛盾纠纷的有力手段。农村地区本身就具有许多道德资源，充分挖掘这些道德资源以道德规范和乡规民约等手段来呈现，能够有效抵制浮躁社会充斥的拜金主义、极端功利主义、享乐主义等的盛行。为此，重构农村的道德体系，强化农民的道德素养，以德教化感染群众实则成为基层治理的刚需。

基层社会治理是一个系统性工程，每一个细节都至关重要。"三治结合"体系作为一套由内向外、刚柔并举、知行合一的治理理念系统，为当下的基层治理打下了坚实的基础，打造了共建共治共享的新格局。

基层社会治理与社会治安综合治理的区别：

社会治安综合治理，是在党委、政府统一领导下，在充分发挥政法部门特别是公安机关骨干作用的同时，组织和依靠各部门、各单位和人民群众的力量，综合运用政治的、经济的、行政的、法律的、文化的、教育的等多种手段，通过加强打击、防范、教育、管理、建设、改造等方面的工作，实现从根本上预防和治理违法犯罪，化解不安定因素，维护社会治安持续稳定的一项系统工程。

三、基层社会治理新格局

党的十九届四中全会提出基层治理新格局：健全党组织领导的自治、法治、德治相结合的城乡基层社会治理体系，完善基层民主协商制度，建设人人有责、人人尽责、人人享有的社会治理共同体。

党的领导是核心。基层治理是国家治理的基石，基层治理现代化程度直接影响国家治理现代化水平。新发展阶段的基层社会治理，要确保正确的政治方向，发挥党委在治理中总揽全局、协调各方的作用，把党的意志和主张贯彻到治理实践中；要发挥党委影响力和凝聚力作用，支持多元主体依法参与社会治理，提高引领社会、服务社会的能力；要创新社会治理体制，从完善党委对基层社会治理的领导机制、工作机制、保障机制等方面着手，提升治理能力，创造出适合中国国情的基层社会治理模式，丰富和发展中国特色社会主义道路。

政府治理是关键。我国的基本国情与社会发展阶段决定了我国社会治理主要依靠政府推动。政府主导社会治理有显著优势，即集中统一的行动能力强、统一支配资源的能力强、处理危机的能力强。因此，创新社会治理，必须立足我国新发展阶段特征，坚持政府负责，充分发挥政府主导优势。当然，并不是要政府包揽一切，政府治理必须创新。

民主协商是重点。众人的事情由众人商量办，旨在寻求人民群众满意和要求的最大公约数。通过民主协商，能够把各社会治理主体最广泛、最大限度地动员起来、组织起来、团结起来。立足新发展阶段，更好发挥民主协商在基层社会治理中的作用。

社会协同是要求。实现社会协同治理，是社会治理走向现代化的主要标志。社会治理的协同性，其目的是要调动一切积极因素和力量共同治理社会，既发挥党委、政府的领导和主导作用，又鼓励和支持社会各方面参与，包括各类社会组织、企事业单位、基层单位及公民个人参与社会治理，要更加重视社会组织参与社会治理，形成社会治理的整体合力。

公众参与是基础。公众参与是基层社会治理的基础。随着社会主义现代化建设进入新发展阶段，基层社会治理领域出现了诸多新情况、新问题，公众参与已成为治理的主要力量源泉，并成为中国特色社会主义伟大实践的主体。

依法治理是保障。依法进行社会治理，是社会治理现代化的必然要求和主要标志。进入新时代以来，党中央在推进法治社会建设、提高社会治理法治化水平等方面取得了长足进步。新发展阶段的基层社会治理，要在社会治理领域制定和完善城市居民委员会组织法、村民委员会组织法、社会组织法等相关法规政策，形成上下贯通完备的中国特色社会主义法治体系，为基层社会治理法治化提供实施和监督保障；要提高基层领导干部的法治素养，提升他们善于运用法治思维和法治方式在社会治理中化解矛盾、破解难题的能力。同时，要培养广大人民群众依法表达诉求、依法维护合法权益的法治意识；引导人民群众自觉学法、遵法、守法，遇事主动找法、解决问题靠法，将法治理念贯穿于社会治理全过程，增强社会治理实效。

科技支撑是手段。新发展阶段的基层社会治理，必须把握以网络化、智能化为标志的技术革命带来的机遇，加强科技创新与社会治理深度融合，搭建信息互通、资源共享、线上线下互动的一体化社会服务平台，更好地利用技术手段预测社会动态、畅通人民群众诉求渠道、解决社会问题、辅助政府决策，推进基层社会治理专业化、智能化，增强治理的系统性、实效性。

为了进一步推动基层社会治理的创新发展，构建基层治理新格局，2021年4月28日，中共中央、国务院出台了《中共中央、国务院关于加强基层治理体系和治理能力现代化建设的意见》。《意见》从完善党全面领导基层治理制度、加强基层政权治理能力建设、健全基层群众自治制度、推进基层法治和德治建设、加强基层智慧治理能力建设、加强组织保障等方面，勾画了新征程推进基层治理体系和治理能力现代化的宏伟蓝图，明确了加强基层治理体系和治理能力现代化的总要求、总目标、时间表和路线图。

第二节　我国基层社会治理历史沿革

一、初始阶段：新中国成立到改革开放

新中国成立后我国在城市基层社会逐步建立了以"单位制"为主、以基层地区管理（"街居制"）为辅的管理体制。国家通过单位这一组织形式管理职工，通过街居体系管理社会闲散人员、民政救济和社会优抚对象等，从而实现了对城市全体社会成员的控制和整合，达到了社会稳定和巩固政权的目的。

单位制是新中国成立后社会管理的产物，是为适应计划经济体制而设立的一种特殊的组织形式，具有政治、经济与社会三位一体的功能，以行政性、封闭性、单一性为特征。从某种意义上说，单位制是为了应对新中国成立后的严峻形势，为了解决"总体性危机"而选择的一套社会组织体系。对于当时高度集权的政治体制的运作，对于高度集中的计划经济体制的实施，对于整个社会秩序的整合，单位制从组织上提供了非常有效率的保证，发挥了重要的功能，其历史意义不容否定。

首先，在政治动员方面，单位制度中的单位其政治功能是十分突出的，每个单位（不论事业单位还是企业单位）都有一定的行政级别，每个单位都是由干部和工人这两大政治身份的人群组成，每个单位都作为行政体系中的一个"部件"而存在，每个单位通过设置健全的党群组织作为政治动员的主导力量。因此通过单位这一种高效率的政治动员机制，党和政府可以运用自上而下的行政手段，大规模地组织群众投入各种政治运动以实现党和政府的各项方针和政策。

其次，在经济发展方面，实行计划经济体制国家控制了几乎所有的资源，

国家对资源的调控和配置是通过各类单位组织来进行的。党和政府通过编制单位隶属关系网络，使每一个基层单位都隶属于自己的上级单位，使上级单位可以全面控制和支配下级单位，而上级单位又隶属于中央和省市行政部门。因此党和政府可以通过上级单位对下级单位下达工作任务调拨、分配人力、物力、财力等资源。单位制为国家集中稀缺的资源投入现代化建设的关键性领域发挥了重要的作用，有效地保证了国家战略意图的顺利实施，为我国工业化体系的快速建立奠定了良好的基础。

最后，在社会管理方面，毛泽东同志非常重视人民群众的力量；强调将人民群众组织起来，单位制就顺应了这一要求，在新中国成立之初生产力水平很低的状态下，通过"充分就业"、劳保福利、分配住房、子女入学等制度，实现了整个社会生活的高度组织化。全国人民几乎都被纳入了行政权力的控制范围之内，国家的触角延伸到了全国的每一个角落和社会生活的每一个领域，整个社会实现了高度的整合。

1949—1958年，社区治理主体发生了根本性的变革，居民自治组织——居民委员会取代了旧的保甲组织，居民民主取代了保甲专制，建立了以单位制为核心，街居制为补充的城市基层社会治理体制的总体框架。政府利用单位制和街居制对城市居民实行分类管理，把绝大多数城市市民纳入单位进行管理，而余下的社会闲散人员、民政救济对象、社会优抚对象等"无单位人员"则纳入街道和居委会进行管理。1954年出台的《城市街道办事处组织条例》和《城市居民委员会组织条例》对街道办事处和居委会的性质、地位、作用、职责、组织结构、与有关部门和单位的关系及经费来源等做了明确规定，标志着中国城市基层社会治理体制的街居制度正式建立。"街居制"以街道办事处和居民委员会为组织架构、街道办事处作为区级政府的派出机关、居民委员会作为居民自治组织进行日常运作。

1958—1976年，社会主义改造完成后，由于"大跃进"、人民公社化和十年"文化大革命"，城市基层社会治理体制受到了严重影响，街道办事处和居委会的性质发生了重大变化，街道办事处在机构上设置了少量科室，增加了工作人员，职能也由原来仅组织管理城市无单位居民，发展到组织管理区域性社会事务，组织无单位居民生产、参与社会经济生活，进而导致职能与"一级政府"高度复合，成为"一级准政府"。而居委会则由自治性质组织先后变为了生产性组织和阶级斗争和专政的工具，致使社区公共事务无人治理，社区公共事业无人关心，社区居民个人的服务需求无人回应与满足。整个时期社区处于无人治理的混乱状况当中。

二、发展阶段：改革开放以来

伴随着改革的深入和社会的转型，我国城市基层管理出现了很多新情况新问题，街居制面临着不少现实难题，主要表现为职能超载、职权有限和角色尴尬。随着改革开放社会环境巨变，尤其是20世纪80年代中期开始的国有企业改制、政府机构改革的实施，由单位承担的诸多社会功能转移出来，大量下岗、分离人员离开"单位"，这些原本由单位承担的功能、负担的人员进入社会归属于城市基层管理机构。除此之外20世纪90年代初期开始的人口流动大潮使城市实际居住人口剧增，城市基层管理机构的工作对象、工作内容以及工作强度发生了诸多变化。街道办事处和居委会在机构设置、职能定位以及人员编制等方面与之前出现了较大差距。鉴于此居委会的相关文本规定发生了变化。1979年街道革命委员会被撤销。1980年全国人大常委会重新公布了《城市街道办事处条例》《居民委员会组织条例》街道办事处、居民委员会的机构和职能得以恢复。此后街道办事处和居委会都进入了一个大发展的新阶段。就街道办事处而言，其发展表现为：一是工作对象大大拓宽，随着经济体制改革和社会结构转型，街道工作的对象扩展到了辖区内所有的居民和所有的单位；二是工作任务大大拓展，随着城市管理的改革和居民需求的多样化，目前很多街道办事处的任务已经拓展到了100多项；三是机构设置和人员编制大大扩充，目前许多街道办事处的人员达到10人乃至超过了100人，组织机构也早已"科室化"了。就居委会而言，1989年第七届全国人大常委会第十一次会议通过并颁布了《城市居民委员会组织法》，居委会工作得到了很大发展，主要表现为：一是工作范围进一步拓宽拓展到社区的方方面面，包括宣传法律、法规和国家政策、维护居民的合法权益、办理公共事务、调解民间纠纷等；二是居民自治水平进一步提高现，在已经在条件成熟的社区开始了居委会直选的试点；三是居委会动员居民和辖区单位普遍开展了便民利民的服务活动。自此之后，社区制应运而生。

在中国大陆，"社区"一词在20世纪30年代被引进，而作为一个广泛使用的名词始于1986年。当时民政部为推进城市社会福利工作改革，争取社会力量参与兴办社会福利事业，并将后者区别于民政部门代表国家办的社会福利，就另起了一个名字称之为"社区服务"，由此引入了社区概念。1991年民政部为了开拓民政工作又提出"社区建设"的概念。1998年国务院的政府体制改革方案确定民政部在原基层政权建设司的基础上设立基层政权和社区建设司，意在推动社区建设在全国的发展。2000年11月，国务院办公厅转发了民政部关于在全国推进城市社区建设的意见，由此带来了社区建设在全国城市中轰轰烈烈地开展起来。党的十六大报告提出了全面建成小康社会的目标，不仅具有政治学意义、社会学意义还具有人文意义。全面性小康社会的内涵不仅包括物质层面的，还包括政治的、文化的、自然生态等内容。马克思主义认为社会发展的本质是人的发展，促进人的发展是社会主义的本质要求。如果片面强调物的发展结果只会出现异化的社会。人都居住在社区，是社区的主体，人的发展和社区紧密相连。要建设全面性小康社会，就需要从基础设施到居住环境，从物质文明到精神文明，从社区参与到政治民主，从社会秩序到人际关系等方面满足人的全面发展的要求。显然原来的单位制和现存的街居制都限制了人的全面发展的要求，而社区制则是回归人性、达到人的全面发展要求的制度设计。

从管理理念上来说，社区制面向全体居民，以居民为主以人为本变管理为服务。社区制强调对人的关怀（不仅是物质利益的关怀还有精神文化、政治参与、生活交往等方面的关怀），关注与居民生活息息相关的日常事务。过去的单位制、街居制有很强的控制思想，如限制人口流动，固定职工与单位之间的关系。社区制则以服务为核心，合理配置社区资源，解决社区问题，努力为社区居民营造一个环境优美、治安良好、生活便利、人际关系和睦的人文居住环境，最终促成人与自然、社会的和谐发展。

从管理形式上来说，从强调行政控制到强调居民参与。不管是单位制，还是街居制，行政功能都非常突出，命令式的上下级科层色彩浓厚。而社区制则强调居民参与，要求社区发展的各项规划、社区建设的实施以及社区事务的处理等都必须体现社区居民的广泛参与，与居民的要求相适应。居民是社区的主体，是社区发展的最终动力源。

从管理目标来说，改变政府管理的唯一主体地位，加强政府与社区的合作达至善治。我国过去在对基层社会的管理中，管理主体单一化，只能是政府。而在社区制中，社区管理主体的多元化是必然要求，除了国家（政府）主体之外，还须有社区自治组织以及专业化的社区服务与社会工作机构等。也就是说，政府的能力是有限的，要弥补政府的缺陷就应实行共同治理，把政府"管不了、也管不好"的社区事务交由社区自己管理。不仅如此，还要在政府与社区之间形成积极而有成效的合作关系，在社区管理的过程中以善治为目标达到公共利益的最大化。

三、深化阶段：党的十八届三中全会以来

基层治理是国家治理的"神经末梢"，治理成效关乎社会和谐稳定、人民幸福安康。党的十九届四中全会着眼于中国特色社会主义事业的发展全局，首次明确提出"构建基层社会治理新格局"的目标要求，党的"十四五"规划中对这一目标要求作出具体部署，指明了新时代基层社会治理的前进方向。党的十九届五中全会指出：我国已转向高质量发展阶段，制度优势显著，但农业基础不稳固，城乡区域发展和收入差距较大，民生保障存在短板，社会治理还有弱项。当前我国社会治理的工作重点在基层，没有基层治理的现代化，就不可能真正实现国家治理的现代化。从某种程度上讲，基层社会治理的成功与否，直接影响到我国社会治理现代化的总体进程。2021年，中共中

央、国务院印发《关于加强基层治理体系和治理能力现代化建设的意见》,《意见》坚持以习近平新时代中国特色社会主义思想为指导,深入贯彻习近平总书记关于基层治理重要指示批示精神,是推进新时代基层治理现代化建设的纲领性文件。《意见》的印发实施,对于加强党对基层治理的全面领导,构建党的领导、人民当家作主和依法治理有机统一的基层治理体制机制,提高基层治理社会化、法治化、智能化、专业化水平,增强人民群众获得感、幸福感、安全感,夯实党长期执政和国家长治久安的基层基础,巩固和发扬中国特色社会主义基层治理制度优势,具有重要意义。当前党和国家事业的发展迈向了新阶段、开启了新征程,加强和改进基层社会治理要立足实际,勇于创新,努力构建基层社会治理的新格局。

党的十八大到党的二十大这十年,基层社会治理取得了显著成就,主要表现在:一是党的领导更加坚强。党中央先后出台或修订一系列党内法规,健全党全面领导基层治理的制度体系,构建了党委领导、党政统筹、简约高效的管理体制,村(社区)"一肩挑"比例达到95.6%和93.9%,比换届前提高29.5和30.2个百分点,党在基层的旗帜高高飘扬。二是基层群众自治制度更加成熟。赋予村(居)委会特别法人资格,延长了村(居)委会任期年限,由3年调整为5年。基层民主由"四个民主"发展为"五个民主""有事好商量、众人的事情众人商量"成为人民当家作主的鲜明时代特征。三是制度体系更加完善。出台一系列政策意见,为基层治理现代化建设夯基垒台。这些政策文件规格高、含金量足、可操作性强,体现了党中央抓基层强基础的鲜明导向,筑牢了新时代国家基层治理制度体系的"四梁八柱"。四是为民服务更加有力。党的十八大以来,社区综合服务设施覆盖率城市由82%提升到100%全覆盖、农村由31.8%上升到79.5%,分别增长18个百分点和47.7个百分点。为民便民安民功能不断增强,抽样调查群众满意度达到87.6%。五是地位作用更加凸显。党中央、国务院持续推进为基层放权、赋能、减负,健全自治、法治、德治相结合的基层治理体系,推动社会治理重心落到城乡社区,开创了新时代党委统一领导,政府治理同社会调节、居民自治良性互动的生动局面。

在脱贫攻坚战中，有脱贫任务的农村社区将党的惠民政策落实到位，团结带领群众发展生产改善生活；全国3.5万个易地扶贫搬迁安置社区加强治理服务能力建设，助力960多万搬迁贫困群众过上新生活。在新冠疫情防控中，全国400万城乡社区工作者在防控一线拼搏奉献，筑牢了社区疫情防控阵地。六是队伍结构更加优化。选优配强村（社区）"两委"班子，建立健全职责体系。村（居）委会主任大专以上学历占比达到46.4%和82.6%，年纪轻、学历高、能力强成为新时代城乡社区工作者的底色，党中央授予"七一勋章"的29位同志中有8位长期在村（社区）工作。

新时代十年基层治理呈现出显著特征：

其一，目标更加明确。推进国家治理体系和治理能力现代化成为全面深化改革的总目标，为新时代创新基层社会治理提供了基本遵循。全面深化改革总目标的确定将国家治理体系和治理能力现代化建设上升为国家战略地位，这意味着国家对治理愈加重视，也意味着基层社会治理作为国家治理的基石成为国家发展战略的重要一环。国家治理体系和治理能力现代化是一体两面，二者相辅相成。其中，国家治理体系现代化就是要革除固有体制机制弊病，建造更加成熟和稳定的制度体系。而国家治理能力现代化则是运用国家制度管理社会各方面事务的能力，将制度优势转化为治理效能，不断提高治理水平。换句话说，就是党的执政能力、国家机构履行职能的能力、人民参与社会公共事务管理能力的不断提高。这就为基层社会治理的制度体系和治理能力提出了现代化要求。

其二，体系更加完善。新时代基层社会治理体系是一个有机的整体，即"完善党委领导、政府负责、民主协商、社会协同、公众参与、法治保障、科技支撑的社会治理体系。"党委领导，是社会治理始终坚持正确政治方向的根本保障。政府负责，是国家履行社会治理职能的必然要求。民主协商，既是充分发挥人大、政协组织职能参与社会治理的需要，也是强化社会治理过程民主化的必然要求。社会协同，是整合各种资源、调动社会各方力量积极参与社会建设和社会治理的必由之路。公众参与，是人民当家作主的有效实现形式。法治保障，是社会治理的重要依托。科技支撑，既要顺应科技为社会治理创造的机遇条件，也要有效防范科技给社会治理带来的风险挑战。基层社会治理体系，就是在党的领导下，依据宪法和法律参与基层社会治理，实现政府治理、社会调节、居民自治良性互动，使政府有形之手、市场无形之手、公众勤劳之手同向发力，坚持共建共治共享，建设人人有责、人人尽责、人人享有的社会治理共同体。

其三，方式更加丰富。新时代推进基层社会治理现代化，坚持问题导向、目标导向、结果导向，聚焦深化改革、制度完善、机制创新，不断丰富社会治理的方式。提出了基层治理新格局，坚持自治法治德治三治融合，坚持系统治理、依法治理、综合治理、源头治理的有机统一。加强党委领导，发挥政府主导作用，鼓励和支持社会各方面参与，实现政府治理和社会自我调节、居民自治良性互动。坚持和发展新时代"枫桥经验"，做到"小事不出村、大事不出镇、矛盾不上交、服务不缺位"。群众诉求表达、利益协调、权益保障通道不断畅通和规范，进一步完善了信访制度、人民调解、行政调解、司法调解联动工作体系，建立完善社会矛盾纠纷多元预防调处化解综合机制，努力将矛盾化解在基层。完善社会治安防控体系过程中，坚持提高立体化、专业化、智能化与法治化水平有机统一。党的十九大提出"提高社会治理社会化、法治化、智能化、专业化水平"，社会治安防控体系逐步建立起立体化、信息化、全覆盖的全方位的公共安全防控网络。

第三节　基层社会治理法治化的内涵和特征

一、基层社会治理法治化基本内涵

法治是治国理政的基本方式，是国家治理体系和治理能力的重要依托。习近平总书记强调："要坚持在法治轨道上推进国家治理体系和治理能力现代化"。基层治理是国家治理的基石，基层治理法治化水平直接影响着国家治理现代化水平，也影响着社会主义法治国家建设。《中共中央、国务院关于加强基层治理体系和治理能力现代化建设的意见》强调"推进基层治理法治建设"，并做出具体部署。我们要充分发挥法治在基层治理现代化中的规范、引领、推动和保障作用，不断提升新时代基层治理法治化水平。

（一）法治与法治化

加强基层治理体系和治理能力现代化建设，是要建立起党组织统一领导、政府依法履责、各类组织积极协同、群众广泛参与，自治、法治、德治相结合的基层治理体系。法治是一种基本的思维方式和工作方式，法治思维和法治方式最能破解基层治理难题。提升基层治理法治化水平，需要教育引导基层党员、干部增强法治观念，提高运用法治思维和法治方式开展工作、解决问题、推动发展的能力。要把良法善治的要求贯穿到基层治理的全过程和各方面，为夯实国家治理根基提供可靠的法治保障。将严格规范公正文明执法在基层落地落细，不断满足人民群众在民主、法治、公平、正义等方面的新期待。同时，根据新发展阶段的特点，贯彻新发展理念、构建新发展格局、推动高质量发展加快转变政府职能，用法治给行政权力定规矩、画界线，提高依法行政水平；加强司法监督，通过有效的基层司法工作，促进基层法治建设，维护社会公平正义。

1.法律之治。具体包含"规则治理"，即完备健全的法律规范体系与文化建设，内容上规定人们的权利义务，指引人们的行为，形式上具有强制性和权威性；"制度治理"，即包含中国特色社会主义制度在内的各方面的制度所形成的系统完备、科学规范、运行有效的制度体系；"程序治理"，即"程序泛在"，把权力关进程序的笼子里，是规则与制度治理的关键，也是法治的本质要求。法治是治国理政的首要选择与基本方式，要求党和政府必须遵循法治原则与规则，发挥法治在社会治理中的重要作用。1999年通过的《中华人民共和国宪法修正案》，首次将"依法治国，建设社会主义法治国家"载入了国家的根本大法。从此，我国社会主义法治的建设和发展有了坚实有力的法律保障。党的十八届四中全会首次以推进全面依法治国为主题，明确了建设社会主义法治国家的基本方略和战略目标。习近平总书记从四个方面对法治的概念进行了明晰。

2.良法善治。中国特色社会主义理论主张形式法治与实质法治的统一，即"良法善治"。2014年10月，党的十八届四中全会通过的《中共中央关于全面推进依法治国若干重大问题的决定》指出，"法律是治国之重器，良法是善治之前提"。习近平亦明确提出了我国法治建设的目标和任务："立法、执法、司法都要体现社会主义道德要求，都要把社会主义核心价值观贯穿其中，使社会主义法治成为良法善治。"他同时指明了良法与善治的关系："以良法促进发展、保障善治。"良法构成善治的前提和保障。

坚持以人民为中心，坚持以公众为生命线。党的十八届四中全会通过的《中共中央关于全面推进依法治国若干重大问题的决定》明确提出："法律是治国之重器，良法是善治之前提。"良法善治的理念，是习近平总书记全面依法治国新理念新思想新战略的重要理论支撑。良法，即符合时代要求、满足人民需要的法律法规；善治，即优良的治理，体现的是治理能力的最佳状态。服务群众、造福群众，是基层治理的出发点和落脚点。推进基层治理法治建设，必须坚持以人民为中心，确保法治建设为了人民、依靠人民、造福人民、保护人民。积极回应人民群众新要求新期待，系统研究谋划和解决法治领域人民群众反映强烈的突出问题，有助于不断增强人民群众获得感、幸福感、安全感，用法治保障人民安居乐业。当前，随着全面依法治国的深入推进，法治中国建设迈出坚实步伐，但基层治理中执法乱作为、不作为以及司法不公等现象仍时有发生。提升基层治理法治化水平，必须坚持问题导向，聚焦基层群众意见比较集中的问题，将其作为推进基层治理法治建设的发力点，努力让人民群众感受到公平正义。同时，完善基层公共法律服务体系，加强和规范村（居）法律顾问工作，保证人民群众获得及时有效的法律帮助，运用法治方式防范风险、化解矛盾、维护群众合法权益，让人民群众感受到法治就在身边。

3．和谐秩序。既倡导自由，也保持秩序，以法治助推社会形成和谐秩序。提升基层治理法治化水平，还要培育办事依法、遇事找法、解决问题用法、化解矛盾靠法的法治环境。这就要求我们积极培育社会主义法治文化，用法治思维引导和规范社会生活，引导广大群众自觉守法、遇事找法、解决问题靠法，让法治理念融入基层社会治理实践。为此，要大力弘扬社会主义法治精神，传播法治理念，充分发挥法治文化的引领、熏陶作用，形成守法光荣、违法可耻的社会氛围。利用重大纪念日、传统节日等契机开展群众性法治文化活动，推动法治文化深入人心。大力加强法治文化阵地建设，有效促进法治文化与传统文化、红色文化、地方文化、行业文化、企业文化融合发展。

4．文明表征。没有法治文明，其他一切文明皆如空中楼阁。具体表现为：对权力的限制；对人权的保护；立法、行政、司法等机构活动必须服从法治的原则等。张文显在《法治与国家治理现代化》指出法治具有多重优越性：保持执政党的执政理念、路线、方针的稳定与权威；保证社会发展的可持续性、稳定性；法治作为规则与程序之治，保证国家治理公信力；克服政策体系的局限性，保障制度体系的有效运转。法治化就是将法治理念转变为现实的过程，即由非法治国家、非法治政府非法治社会向法治国家、法治政府、法治社会的转变。党的十八届三中全会指出推进国家治理现代化，法治作为国家治理的基本方式，法治化是实现国家治理现代化的必由之路，社会治理又作为国家治理的重要方面，因此以社会治理法治化助推实现国家治理法治化，进而实现国家治理现代化。治理法治化具体包括两个方面：治理体系法治化，即以宪法为统领的法律规范体系保障治理的普遍性与长效性；治理能力法治化，治理主体对治理体系的执行能力，进而保障治理体系的有效运行。

（二）基层社会治理法治化

党的十八届三中全会提出改进社会治理方式，坚持依法治理。党的十八届四中全会指出，推进全面依法治国，基础在基层，工作重点在基层；党的十九届四中全会进一步提出，健全党组织领导的自治、法治、德治相结合的城乡基层治理体系。实行自治、法治、德治"三治"结合，是提升城乡基层治理水平的有效途径。促进社会治理更加现代化、体系化逐渐成为学界研究的热点话题，如何改进社会治理方式和依法治理社会成为当前社会治理变革的重要着力点。随着我国进入新时代，法治治理理念开始进入基层社会，并在基层社会治理中发挥着越来越重要的作用。推进基层社会治理法治化是实现全面依法治国的重要途径，是依法治国在基层的具体实践，是依法治国的重要组成部分。党的十八届四中全会通过的《中共中央关于全面推进依法治国若干重大问题的决定》从系统的观点出发，指出"全面推进依法治国，基础在基层，工作重点在基层"，提出了"推进基层治理法治化"的要求。2019年，党的十九届四中全会通过的《中共中央关于坚持和完善中国特色社会主义制度，推进国家治理体系和治理能力现代化若干重大问题的决定》指出："健全党组织领导的自治、法治、德治相结合的城乡基层治理体系，健全社区管理和服务机制，推行网格化管理和服务，发挥群团组织、社会组织作用，发挥行业协会商会自律功能，实现政府治理和社会调节、居民自治良性互动，夯实基层社会治理基础。加快推进市域社会治理现代化。推动社会治理和服务重心向基层下移，把更多资源下沉到基层，更好提供精准化、精细化服务。"2021年4月中共中央、国务院印发了《关于加强基层治理体系和治理能力现代化建设的意见》强调"推进基层治理法治建设"，明确了当前和今后一个时期基层治理的总体思路是：以习近平新时代中国特色社会主义思想为指导，坚持和加强党的全面领导，坚持以人民为中心，以增进人民福祉为出发点和落脚点，以加强基层党组织建设、增强基层党组织政治功能和组织力为关键，以加强基层政权建设和健全基层群众自治制度为重点，以改革创新和制度建设、能力建设为抓手，建立健全基层治理体制机制，推动政府同社会调节、居民自治良性互动，提高基层治理社会化、法治化、智能化、专业化水平。2020年中共中央印发的《法治社会建设实施纲要（2020—2025年）》指出："法治社会是构筑法治国家的基础，法治社会建设是实现国家治理体系和治理能力现代化的重要组成部分。建设信仰法治、公平正义、保障权利、守法诚信、充满活力、和谐有序的社会主义法治社会，是增强人民群众获得感、幸福感、安全感的重要举措。"

根据国家的统一部署，社会治理必须在法治的轨道上进行，治理的目标就是建成法治社会，是实现国家治理体系和治理能力现代化的必然要求。

所谓基层社会治理法治化，就是在坚持党的领导、人民当家作主、依法治国有机统一的前提下，在县级以下（县级、乡级、村、社区等）行政区域推进依法执政、严格执法、公正司法、全民守法，将经济、政治、文化、社会等各项工作纳入中国特色社会主义法治体系，促进国家治理体系和治理能力的现代化[①]。其基本要求是：必须坚持党的领导，围绕法治中国建设大局，以约束和规范公权力为重点，以培育法治文化为基础，以激发基层社会活力为目的，使基层的一切活动依照法律管理，公民的所有行为依照法律进行，基层的一切需要和可以由法律来调控的活动和工作，都纳入规范化、制度化的轨道。具体来讲：

1. 基层社会治理法治化必须围绕法治中国建设这个大局。建设法治中国的目标不能靠简单地将法治建设的任务切割为各基层组织、各行业、各部门的任务来完成，而应统筹规划、协调发展和整体推进。基层社会治理应紧紧围绕"法治中国建设"这个整体和大局，当出现利益冲突时应主动让位大局，反对基层组织、行业、部门将局部工作和利益置于大局和整体利益之上，搞特殊化、搞地方保护、部门保护，借口服务地方发展设置"禁区"和"特区"，破坏社会主义法治的统一，妨碍和影响党和国家的大局。

2. 基层社会治理法治化必须坚持在党的领导下有序推进。坚持党的领导是基层社会治理法治化的鲜明特征，在推进基层社会治理法治化工作中必须充分发挥基层党组织的战斗堡垒作用，必须加强和改进党对基层社会治理工

---

① 李树忠：《全面认识基层治理法治化》，《光明日报》2014年11月8日第3版。

作的领导，必须打造一支善于运用法治思维和法治方式深化改革、推动发展、化解矛盾、维护稳定的干部队伍。

3. 基层社会治理法治化必须以约束和规范公权力为重点。基层政府必须严格依据"权力清单"行使权力，法定职责必须为，法无授权不可为。基层法院和检察院应该依法独立公正行使审判权和检察权，自觉运用法律机制抵制任何党政机关和领导干部违法干预司法活动的要求。加强对基层政府的规范性文件进行审查和监督，保证其合法性和合宪性。通过党内监督、人大监督、民主监督、行政监督、司法监督、审计监督、社会监督、舆论监督等各种机制强化对基层政府行使公权力的制约。同时，基层政府应该在增进基层人民福祉方面积极作为，要以保障和改善民生为重点，加快形成政府主导、均等化、可持续的公共服务体系。

4. 基层社会治理法治化必须以激发基层社会活力为目的。基层具有最为丰富的生活实践，对社会问题的反映最直接、最生动。推进基层社会治理法治化首先要廓清国家和社会的分界，政府有所为，有所不为。坚持政企分开、政事分开，理顺政府与市场、政府与社会的关系。基层政府应为社会主体预留充分的自治空间，支持其自我约束、自我管理，保障其自治权利，发挥市民公约、乡规民约、行业规章、团体章程等社会规范在社会治理中的积极作用。同时，构建基层政府与社会之间的良性沟通机制，为民众提供参与公共决策的平台和机会，提高公众参与的水平，使民众成为良好社会秩序的创造者。

5. 基层社会治理法治化必须以培育法治文化为基础。推进基层社会治理法治化，必须坚决摒弃"人治"观念，避免将法治形式化、手段化、部门化等错误倾向。加强基层法治文化建设，将过度的意识形态教育转变为法治宣传教育，在全社会树立"法治的信仰"，尊重法律权威，坚守公平正义，确立以法治为基础的生活方式，使人们认识到法律不仅是全体公民必须遵循的行为规范，而且是维护公民权利的有力武器，增强人们学法尊法守法用法的意识。健全普法宣传教育机制，实现法治宣传教育的普遍化、常规化和制度化。

加强公民道德建设，弘扬中华民族的优秀传统文化，增强法治的道德底蕴，以道德滋养法治精神，强化道德对法治文化的支撑作用。

基层作为国家的一个组成元素，其治理法治化对于推进整个国家的发展都是很有必要的，因而基层社会治理法治化的实现是现代化的重要抓手。在法治轨道上推动各项工作的开展，注重法治在国家治理和社会管理中的重要作用，通过推进城乡发展、区域发展、经济社会、人与自然、对外开放等方面的法治建设，可以规范社会主体行为，引导各方面统筹发展；通过推进经济、政治、文化、社会、生态等方面的法治建设，可以使各项建设都有法可依、有章可循。引导各方面协调发展，特别是经济、政治、社会、生态等方面，法治建设更为重要。只有把社会生活的基本方面，纳入到法治建设的轨道上，经济、政治、文化和谐发展与社会全面进步才有切实保障整个社会才能成为和谐、文明的社会。

二、基层社会治理法治化的基本内容

为了能够更好地把握基层社会治理法治化的内涵，可以从以下几点理解。党的领导是它的保证，因为法治的基础是民主政治，而党始终坚持民主集中制原则，坚持全心全意为人民服务，充分发挥基层党组织的战斗堡垒作用以及基层党员领导干部的先锋模范作用，这是实现基层社会治理法治化的基础；约束和规范公权力是它的重点，对于权力的制约是必不可少的，基层政府必须严格依照法律行使权力，牢记法定职责必须为，法无授权不可为。除此之外，基层司法机关则要坚持司法独立，使司法权不受其他权力的干涉。此外，要通过各种监督机制进一步制约公权力的行使。

（一）基层党组织依法执政

在基层社会中，基层党组织是起到领导和核心作用的，在整个基层社会的运作和管理过程中，应当充分发挥党组织的领导作用，带领整个基层社会进入平稳的发展道路。在我国党组织中，基层党组织发挥着排头兵的作用，是党组织深入到工作第一线的职责部门，全面贯彻党组织的各种精神，直接对于基层社会的方方面面，产生着不同程度的辐射作用。可以说，基层党组织的工作水平和工作质量，对于整个党组织的发展都起到了难以估量的作用和价值。随着我国整体法治化概念的不断提升，基层社会治理的法治化成了一种势不可挡的潮流。鉴于这样的情况，基层党组织更应该承担起其应有的义务和职责，将依法执政理念贯彻落实到工作中的每一个环节，认真履行依法执政的各项细则，通过法律约束和调整自己的执政行为，运用法治思维和法治方式处理问题，让公众感受到基层党组织依法执政的决心和能力，从而将法治理念最直观地传播给公众。

（二）基层政府依法行政

在基层社会中，除了基层党组织的依法执政工作外，基层政府的依法行政工作也十分重要。

就我国当前的发展而言，法治理念不断深入到社会的各个角落，公众的法律意识显著提高，加之我国转型社会的大背景，因而基层政府依法行政也成为一个十分迫切的问题。

第一，依法行政是对人民利益的有力保障。依法行政应当体现在两个方面，首先是依法行政是一种对于公众的要求，要求公众在基层政府的指引和调整下，合法行使自己的权利，履行自己的义务。对于那些规避自己合法义务以及非法滥用自身权利的公众个体，要予以及时的规范和调整。在这个过程中，要以法律作为调整的根本依据。其次依法行政也是对于基层政府自己本身的一种要求。政府部门以及政府部门工作人员在行使国家赋予自己职权、职能、权力的过程中，也要牢牢以法律作为依据，通过法律手段调整政府行政工作，在法律规定的范围内充分履行政府职责，既不逃避责任，也不滥用职权。因而依法行政应当是一把双刃剑，同时约束管理者和被管理者两方，通过基层政府对于依法行政的不断强化，切实提高人民群众利益的保障工作。

第二，依法行政是为基层民众服务的有效依托。我国的国体是人民代表大会制度，国家的行政应当直接反映人民的呼声，法律作为统治阶级意志的体现。对我国而言，社会主义制度是我国的根本制度，人民当家作主，一切权力属于人民，因而法律应当是人民群众公众意志的体现。基层政府做到依法行政，就是将行政工作牢牢置于法律和人民群众意志的支配下，从而最大程度地满足群众需求，实现群众利益，切实做到为人民服务，实现人民当家作主[①]。

第三，依法行政是基层社会长治久安的必要保证。基层政府是我国政府部门在基层社会中的职能部门，是上级政府和公众之间的连接点，更为广泛和频繁地同人民群众产生联系，因而，基层政府能够更加直观地反映出政府部门在公众中的形象。在基层政府行使自己职能的过程中，法律是最为直观和客观的评价标准以及行为准则。基层政府履行着经济调控、社会保障等等多方面的职能，对于整个社会的发展起着十分重要的作用。坚持基层政法依法行政，贯彻落实基层政府法治理念和法治精神，对于我国整体的发展而言具有十分重要的意义。

基层政府是依法行政的前沿阵地，更是推动经济社会发展的重要力量。在党中央提出2035年基本建成法治政府的背景之下，鉴于基层政府在行政体系中发挥着重要的作用，他们依法行政能力的提升关乎法治政府目标的实现。基层政府与广大人民群众联系最为密切，只有基层政府认真落实依法行政工作完善和转变自身职能，才能真正维护人民利益，做到依法治国，实现基层社会治理法治化。

1. 加快转变基层政府职能。党的十九届五中全会通过的《中共中央关于制定国民经济和社会发展第十四个五年规划和二〇三五年远景目标的建议》提出，要实现"社会主义民主法治更加健全，社会公平正义进一步彰显，国家行政体系更加完善，政府作用更好发挥，行政效率和公信力显著提升"的目标。"更加完善"就是不断完善，"显著提升"就是能让人认识到、感受到

① 龚继民：《民主党派参与社会管理创新的优化策略》,《福建省社会主义学院学报》2011年第6期。

的提升。"社会治理特别是基层治理水平明显提高"。基层推行政策制度相对较慢，比如机构改革从中央到省、市、地、县一级一级推行，到基层可能要一两年甚至更长时间。并且基层最贴近老百姓生活，对基层治理水平，老百姓感受最直接，所以要把它作为一个工作重点。在社会环境多变且公共问题突出的历史时期，想进一步推动基层政府依法行政的工作成效需要加快转变政府职能，实现权利型基层政府向服务型基层政府转变。相关部门应该积极深化行政管理体制改革，分离社会职能和政府职能，并以服务广大群众为工作核心，减少滥用权利的现象发生。基层政府与广大百姓接触的机会较多，在了解民情方面更加便捷。但是，由于基层政府的行政服务在长期受到传统思想和官本位主义的影响，导致基层政府行政工作丧失了其本质。为了进一步推动基层政府依法行政工作，需要建立正确的政绩导向，避免出现"制度休眠"的丑态。由于基层政府行政工作成效不佳，导致惠民政策和政令难以得到落实，让政策成为摆设。相关部门应该建立科学合理的监督机制，严厉打击不按照上级指示工作的人员清除执政队伍的蛀虫，真正做到为百姓谋福祉，提升基层政府行政执法工作的成效此外，还应该明确政府的权力，将政府的权力制度化，做到专权专用，营造良好的市场秩序和社会氛围。与此同时，为了加快转变基本政府职能，还应该深化行政审批制度改革，解决行政审批过程中出现障碍，建立惠民高效的审批制度，明确审批责任。为了更高效便捷地为百姓办事，基层政府部门还可以依托发达的信息技术，构建基层政府服务平台和信息共享和公示平台，不断加强电子政务建设，更好地为人民服务。

2. 提升执法者的法治思维与服务意识。一是法治思维的基础是法律素养，外在表现是依法行政。法律素养的提升不仅需要执法者自身学习法律知识，增强法律意识，外部的法治环境和氛围同样也很重要，一个好的法治环境有利于提升执法者的法律素养，培养法治思维。基层政府在招录（聘）行政执法人员时应当注重对其专业素质的考核，可以实行筑巢引凤工程，吸引法律、行政管理等相关的高素质专业人才；在录（聘）用之后，注重加强行政执法人员的培训，提升他们的职业素养和道德修养。另外，程序正义是法律正义的另一面，是法律实施过程中正义，作为执法者不能只追求实体正义忽略程序正义，在英美法系中，程序正义的重要性甚至比实体正义更加重要。二是提升服务意识。转变服务意识应该从社会交往主体也就是人民群众的需求出发，建立一定的平台或者沟通渠道，让人民群众有发声的平台从而深切了解人民群众的真实想法，解决他们的需求。转变服务意识也是执法者从被动执法到主动执法的转变过程，面对不同的违法违规问题，充分发挥积极性，提出不同的解决策略，不能简单粗暴一刀切地执法模式。

3．加强基层政府行政监督的力度。目前，由于权利配置而导致的权利边缘化现象越来越明显，各种违法违规行为也屡见不鲜，且在很多基层政府中形成了"有错没人管、有罪不能治"的不良风气。为了推进基层政府依法行政工作，需要相关部门加大监督管理力度。监督机制的建立和政府问责机制的执行，能够警告基层政府中的违法乱纪行为，寻找基层政府行政工作中的漏洞，看到基层政府制度的桎梏，真正做到权利不滥用、权利为民用，全心全意为人民谋福利，权为民所用。相关人员应该本着公平公正的态度，对所有的违法违规行为进行惩处，减少社会环境中存在的不良风气，提升依法行政工作水平。一是加强内外部监督力量的监督意识，提高法治观念。开展普法宣传工作是一项重要的工作，有利于武装监督主体的法律理论，提升他们的法律意识。开展普法工作必须深入行政机关内部、居民社区和乡村基层，尤其是农村地区，因为他们的法律意识往往是最淡薄的，对国家的法治理论、法治体系往往是最不了解的。宣传普法人员可以开展法律知识竞赛、法律情景剧表演、模拟法庭下乡等一系列活动，寓教于乐。二是提高基层行政机关的公开性与透明性。如果行政机关不主动公开行政行为，作为外部的普通群众是不知道的，那监督也就无从谈起。非法律所禁止公开的行政执法行为都应该公开，因为行政机关的经费大部分都来自人民的纳税钱，人民有权利知道纳税钱用在何处，而且公民的知情权也是宪法所保障的基本权利。基层政府应严格遵循国务院制定的"信息公开条例"，对涉及公众利益调整、需要公众广泛知晓或者需要公众参与决策的政府信息，行政机关应当主动公开。三是提高监督体系的法治化程度。面对违法违规行为，行政执法人员必须以事实为依据，以法律为准绳，在行政监督中也是同样。没有法律的确认或者法律规定不清楚，监督者不明白监督的程序、标准在哪里，被监督者也不知道如何改正。加强行政监督法律的立法工作，完善法律监督体系是当前提高监督体系法治化的重点工作。

（三）基层司法机关公正司法

从法理上来解释，司法公正应当包含着两方面的含义，即实体公正和程序公正。这两者之间相辅相成，缺一不可。基层司法机关的公正司法，对于我国整体基层社会治理法治化具有必不可少的保障作用，是整个基层社会治理法治体系的重要一环[①]。

第一，司法公正对于司法程序具有高度的重视。在司法机关的整个司法活动过程中，程序的重要性占据了很大的地位。公正、公开、公平的司法理念不仅仅体现在实体法上，更重要的是通过程序这种更容易被人所感受到的形式对于公众形成直观的感受。我国长期以来的司法工作都存在着十分严重的"重实体、轻程序"的现象，因而通过强化司法程序的公正公开，能够有效地保证司法公正，同时也能够在公众心中树立起司法公正的形象。

第二，通过司法公正可以有效地提高法律的威慑力和公信力。司法公正是法律威慑力和公信力的基础，一些法理学家将法律比喻成一种宗教行为，法律的公正性是法律信徒的信仰所在。信徒对于宗教的信仰，是宗教产生和存在的基础和核心，而公众对于公正的信赖，也正是法律存在和发展的基础和核心。司法公正是法律公正性的直接体现，也是公众对于法律公正性的最为直观的感受。一旦失去了司法公正这一标准，那么法律的公正性也就无从提及，法律也就失去了自己存在和发展的必要。

就我国的发展而言，"人治"思想由来已久，对于权力的服从往往大于对

---

① 胡洪彬：《十六大以来我国社会管理研究回顾与展望》，《福州党校学报》2011年第5期。

于法治的服从。这一方面是因为公众的法治思维短时间内难以彻底扭转，另一方面反映了公众对于法治体系存在的不信任感。通过司法公正的贯彻落实，能够有效扭转这种局面，提高法律的威慑力和公信力。

第三，司法公正在整个社会范围内提升道德水平。在具有对于社会产生、调整和规范的依据中，法律和道德是两个最为重要的部分。就调整的范围而言，道德更为广泛，但是就调整的效力而言，具有强制力作为保障的法律更具有更为明显的效果，建立在司法公正下的司法行为，能够对于法律中所规范的禁止性行为进行矫正和惩戒，同时对于法律的指引性行为进行鼓励，从而通过法律的手段来对于道德水平进行提升，并且相对于常规的教化和宣传工作，通过法律手段来对于道德水平的提升更加具有持续性和深刻性，能够发挥更为强烈的效果。久而久之，整个社会范围内的道德水平都必然会登上一个新的台阶[①]。

第四，从这个角度来看，基层司法机关的公正司法，对于基层社会群体产生着直观而全面的影响。基层司法机关的公正司法不仅体现在实体公正上，还体现在程序公正上。通过基层司法机关对于公正司法的重视，进一步体现基层社会治理的法治化程度，实现基层社会治理法治化的不断深入和推进。

（四）全面推进科学立法、严格执法、公正司法、全民守法

中央全面依法治国工作会议最重要的成果，是明确了习近平法治思想在全面依法治国工作中的指导地位，确立了新时代推进全面依法治国的行动指南和根本遵循。习近平法治思想集中体现为习近平总书记在中央全面依法治国工作会议重要讲话中精辟概括的"十一个坚持"。其中，坚持全面推进科学立法、严格执法、公正司法、全民守法，是全面依法治国的重要环节。我们要深入领会、准确把握精神实质，继续推进法治领域改革，解决好立法、执法、司法、守法等领域的突出矛盾和问题，促进各环节法治工作相互贯通、

---

① 邓剑伟、李莱蒙：《我国社会管理近期研究的内容挖掘与分析——基于期刊文献的研究》，《福建行政学院学报》2011年第6期。

相互促进，推动全面依法治国不断取得新成效。

1. 推进科学立法，以良法保障善治。"立善法于天下，则天下治；立善法于一国，则一国治。"立法是社会主义法治建设的首要环节，是全面依法治国的起点。经过长期努力，我国形成了中国特色社会主义法律体系，国家和社会生活各方面总体上实现了有法可依。同时也要看到，实践发展永无止境，立法工作也永无止境，我国立法已经开启了从"有没有"向"好不好"的重大转变。与新时代改革发展稳定的实际需要和良法善治要求相比，当前立法领域还面临一些突出问题。比如，有的法律法规准确反映客观规律和人民意愿不够，解决实际问题有效性不足，针对性、实用性、可操作性不强；有的法律法规没有根据形势变化及时修改，一些新兴领域、新兴业态的法律制度还难以跟上实践发展的需要；立法工作中还存在争权诿责的现象；一些地方立法特色不够鲜明，针对性不强，有的甚至与上位法抵触等。

解决上述问题，必须坚持推进科学立法。习近平总书记指出："推进科学立法、民主立法，是提高立法质量的根本途径。"科学立法的核心在于尊重和体现客观规律。推进科学立法，既要有正确的立法理念，也要有立法体制机制上的保障。要加强党对立法工作的领导。把党集中了人民意愿的主张转变为国家意志，准确反映客观规律和人民意愿，适应时代发展要求，从制度上和法律上保证党的路线方针政策得到贯彻实施。立法中的重大体制问题、重大政策调整要由党中央决策，重大问题报党中央讨论决定。要不断完善立法体制。进一步明确立法权力边界，从体制机制和工作程序上有效防止部门利益和地方保护主义法律化。完善立法中分歧意见协调机制，及时协调解决立法中的重大分歧，避免久拖不决。拓宽公众参与立法的渠道和途径，广泛听取各利益群体的意见，建立起事先和事后的立法评估机制。要加强重点领域立法。及时反映党和国家事业发展要求、人民群众关切期待，对涉及全面深化改革、推动高质量发展、完善社会治理、维护国家安全的法律法规抓紧制订、及时修改。做好创新驱动、区域协同、数字经济等重大国家战略的法治保障，促进高质量发展和构建新发展格局。要加强和改进地方立法。地方立法要从本地实际出发，着眼本地经济社会发展中的突出问题，不断提高立法的精细化水平，能具体地尽量具体，能明确的尽量明确，重在务实管用，真正可执行、可操作，避免"上下一般粗"，坚决杜绝与上位法抵触甚至"立法放水"等问题。要加强立法能力建设。根据立法工作特点和实际，完善立法工作队伍培养机制，拓宽立法人才培养渠道，不断提升立法人员的政治素养和专业能力。完善专门化、系统化的立法工作智力支撑机制，进一步提升立法工作的专业化水平。

2. 推进严格执法，保证法律严格实施。习近平总书记指出："全面推进依法治国的重点应该是保证法律严格实施。"严格规范公正文明执法，事关人民群众切身利益，事关党和政府法治形象。围绕如何推进严格规范公正文明执法，党中央做出一系列重大决策部署，制定重大行政决策程序暂行条例、推进综合行政执法体制改革、全面推行行政执法公示制度、执法全过程记录制度、重大执法决定法制审核制度，深入开展重点领域专项执法行动，执法的规范化建设有了很大提升，执法的不透明不文明等现象明显减少。同时也要看到，当前执法工作与党的要求和人民群众的期待相比，还有较大差距。既有该严不严、该重不重、查处不力问题，也有执法不规范、"一刀切"、简单粗暴、选择性执法、层层加码等问题，直接损害了人民群众合法权益，破坏了党和政府公信力，必须以"刀刃向内"的勇气，下大决心、大气力彻底扭转。推进严格执法，重点是解决执法不规范、不严格、不透明、不文明以及不作为、乱作为等突出问题。要牢固树立执法为民的理念。把握好执法的功能和目标，不断完善执法制度体系，规范执法程序，对群众深恶痛绝的事零容忍，对群众急需急盼的事零懈怠，确保执法在法治轨道上进行。要加强执法监督。坚持以公开促公正，以透明保廉洁，依法及时公开执法依据、程序、流程、结果。重点加强政府内部层级监督，健全权力运行制约和监督机制，严格落实执法责任制，对执法队伍中的"害群之马"、黑恶势力"保护伞"，坚决严厉追责，决不姑息。同时，关心爱护执法人员，旗帜鲜明支持执法人员依法履职，建立执法人员权益保护机制和依法履职免责制度，完善容错纠错机制，切实解除执法人员的后顾之忧。要坚持执法目的、执法形式相统一。坚持惩罚与教育相结合，做到惩前毖后，惩处一个、教育一片。在具体处罚、做出执法决定时，对违法者要明之以法、晓之以理、动之以情，确保实现政治效果、法律效果、社会效果的统一。要创新执法方式。鼓励和支持审慎包容监管，开展精准执法、柔性执法，防止和避免执行规定时简单地"走上限"、在裁量幅度内就高不就低的懒政惰政行为。

3. 推进公正司法，守护社会公平正义。"理国要道，在于公平正直。"公平正义是我们党追求的一个非常崇高的价值，司法公正是社会公正的最后一道防线，公正是司法的灵魂和生命。当前，司法质量效率和公信力持续提升，人民群众对公平正义的获得感不断增强。同时，由于多种因素影响，司法活动中也存在一些司法不公、冤假错案、司法腐败以及关系案、人情案、金钱案等问题。这些问题不抓紧解决，就会严重影响社会公平正义和全面依法治国进程。习近平总书记强调，努力让人民群众在每一个司法案件中都能感受到公平正义。这一重要论述，为在新的历史起点上深入推进公正司法提供了明确方向指引。要紧紧牵住司法责任制这个"牛鼻子"。深化司法责任制综合配套改革，进一步优化司法职权配置，推动法官检察官员额管理的规范化、科学化，完善法官检察官利益回避制度，加快构建司法管理监督新机制，全面推进以审判为中心的诉讼制度改革，真正"让审理者裁判，由裁判者负责"。落实干预、过问案件的记录和追责制度，维护司法裁判的终局性，增强司法判决的执行力，加强对司法人员依法履职的保护。要努力让司法更可预期。对适用普通程序审理的案件，推进庭审实质化，做到有证举在庭上、有理说在庭上。针对"类案不同判"的问题，进一步健全法律统一适用机制，积极运用大数据推送类似案例等措施，让法官以同类案件同样处理方式办案。要努力让司法更阳光透明。构建与新的办案机制相配套的权责一致、开放透明、亲民便民的"阳光司法"机制，深入推进审判公开、检务公开，以公开促公正，保证法官检察官"以至公无私之心，行正大光明之事"。

4. 推进全民守法，培育良好法治环境。就我国法律的性质而言，体现的是最广大人民群众的根本利益，群众自觉守法，实际上来说是对于自身利益的一种维护和保障，也是对于他人合法权益的一种尊重和认可。可以说，基层民众自觉守法，是人民群众利益得到保障的前提和基础[1]。基层群众自觉守法用法，是基层社会治理法治化的群众基础，也是整个社会在法治层面下运转的必要动力源泉，更是人民群众整体意志的直接体现。同时，基层民众自觉守法用法，可以有效减少矛盾存量，控制矛盾增量，也能对于公共权力产生一定的制约和规范作用。基层民众自觉守法，自觉将法律作为自己的行为准则，知法懂法，善于用法，从而通过法律对于合法权益进行保障，为基层社会治理法治化创造一个良好的大环境，全面促进社会进步。

推进全民守法是全面依法治国的基础性工作。当前推进全民守法，需要进一步加强普法，把法律交给人民，让法治信仰根植于人民心中，形成全民守法的氛围，才能共建法治国家。在中央全面依法治国工作会议上，习近平总书记特别指出，普法工作要在针对性和实效性上下功夫，特别是要加强青少年法治教育，不断提升全体公民法治意识和法治素养。这为新时代推进全民守法指明了方向，提供了根本遵循。

推进全民守法，必须着力增强全民法治观念，坚持把全民普法和守法作为依法治国的长期基础性工作。新时代全民普法工作要以习近平法治思想为统领，坚持以人民为中心，坚持服务大局，坚持与法治实践深度融合。要突出普法重点内容。把学习宣传习近平法治思想作为"八五"普法的首要政治任务，认真学习领会，吃透基本精神、把握核心要义、明确工作要求，切实把习近平法治思想落实到全民普法工作的全过程。在全社会深入持久开展宪法宣传教育活动，广泛开展民法典普法工作，大力宣传与促进高质量发展密切相关的法律法规，突出学习宣传党内法规，使法治成为社会共识和基本准则。要持续提升公民法治素养。以国家工作人员和青少年为重点，落实好党委（党组）理论学习中心组集体学法、法律培训、法律知识考试考核等制度，

---

[1] 何冰：《基层公论：基层社会治理的制度创新》，《管理现代化》2014年第4期。

把法治教育纳入国民教育体系，加强教育引导，推动实践养成，完善制度保障，使办事依法、遇事找法、解决问题用法、化解矛盾靠法成为全体公民的自觉行动。要深化全民普法工作改革创新。落实"谁执法谁普法"责任制，在立法、执法、司法和法律服务过程中开展实时普法，运用志愿服务力量强化社会普法，运用新技术新媒体推进智慧普法，提升普法的覆盖面和便捷性。要加强社会主义法治文化建设。推进法治文化阵地建设，繁荣发展社会主义法治文艺，推动中华优秀传统法律文化创造性转化、创新性发展，使法治精神走近群众、融入生活。

三、基层社会治理法治化的基本原则

基层社会治理法治化是法治国家建设的重要环节。基层是社会管理中最基本的管理要素，它影响着社会的总体发展，若一个基层治理的法治化都做不好，偏离了正常的轨道，就无法谈整个国家的法治化治理。党在十八届四中全会通过的决议，进一步强调了基层工作的重要性，并给出了明确的要求。在依法治国中，基层治理法治化是其重要组成部分，也是依法治国在基层的重要体现。

推进全面依法治国，基层治理法治化是大势所趋，任何事物的发展都离不开基层的依托，法治中国建设最终要着眼和落位于基层法治建设。首先，我国法治建设中，相对薄弱的环节在基层，基层矛盾较为复杂，加上基层人口文化水平普遍不高的限制，给基层法治工作提出了更高的要求；其次，法治中国建设的动力来源在基层，大量的工作人员奋斗在一线，这对于法治建设的落实和推行有着极为直观的认识和理解，在实践过程中也更加容易开展和突破创新。对于我国法治建设的推行能够产生更加强烈的印证和拓展效果。真正做到深入群众开展法治建设，赋予法治建设源源不断的实践源泉。基层治理法治化，就是在坚持我国社会主义法治建设基本经验的前提下，在各项工作与领域中，依据法律来管理本行政区域内的事务，进而规制公民的行为，使得公民周围的基本生活与事务都纳入规范化的轨道中。

　　基层社会治理法治化，本质上是治理过程的制度化、程序化、规范化，是对法制的价值遵循，是权力与权利的有效互动。基层社会治理法治化应当遵循一定的基本原则：

　　1. 坚持党对基层治理法治建设的领导。中国共产党的领导是中国特色社会主义最本质的特征，是建设中国特色社会主义法治体系最根本的保障。我国宪法确立了中国共产党的领导地位。坚持党的领导，是中国特色社会主义法治的根本要求，是党和国家的根本所在，是全国各族人民的利益所系，是全面依法治国题中应有之义。基层社会治理是国家治理的重要组成部分，基层治理法治建设是国家治理法治建设不可缺少的重要内容。习近平总书记指出："全面推进依法治国这件大事能不能办好，最关键的是方向正不正确、政治保证是不是坚强有力，具体讲就是要坚持党的领导，坚持中国特色社会主义制度，贯彻中国特色社会主义法治理论①。"只有坚持党的领导，才能保证中国特色社会主义法治体系具备强大生命力。党的领导和社会主义法治是一致的，社会主义法治必须坚持党的领导，党的领导也必须依靠社会主义法治。基层社会治理法治化，同样必须坚持党的领导，坚持正确的方向，要坚持和加强党对基层治理法治化工作的领导，把党的领导贯彻到全面推进基层治理法治建设的全过程。在基层社会治理体系建设、体制改革、制度创新等基层社会治理领域各方面，坚持以人为本、与时俱进，从人民的新期待与时代的新要求着手，不断强化党在领导基层社会建设和完善基层社会治理等各方面的能力和水平。第一，"打铁必须自身硬"，提高基层党组织队伍的整体素质。创新基层党组织领导体制，提升党组织书记队伍的水平，加强党组织书记队伍建设，改善党的领导方式方法，发挥党组织和党员的先锋模范带头作用，加强基层领导干部改革创新、科学治理、化险为夷的能力，提升基层党组织干部依法执政水平，加强基层党组织干部法治观念，完善治理监督机制，落实基层党建责任制，引导社会资源与力量下沉到基层，参与基层社会治理法

---

① 习近平在中共十八届四中全会上《关于〈中共中央关于全面推进依法治国若干重大问题的决定〉的说明》，2014年10月20日。

治化建设过程。以党管干部、党管人才为原则建立人才队伍，为基层社会治理提供强有力的干部保障与人才支撑。第二，扩大基层党组织覆盖面，将基层党组织建设全面覆盖到民营企业、村居民自治组织、村改居社区、商业街区等，以人民群众喜闻乐见的手段方法增进党同人民群众的血肉联系，增进党群密切友好关系，增强基层党组织在群众中的威信力、凝聚力和政治引领力，努力消除基层党组织的弱化和边缘化问题。

2. 坚持基层治理方式的合法性。基层治理是国家治理的重要组成，基层治理法治化也是国家治理现代化的必然要求，党的十九届四中全会提出在法治轨道上推进国家治理体系和治理能力现代化，这就要求基层治理必须依据一定的制度、规则、规范展开。既包括有国家法律法规明确规定的制度规则，例如《中华人民共和国城市居民委员会组织法》，也包括有中共中央关于城乡基层治理体系的决策部署，例如中共中央、国务院《关于加强基层治理体系和治理能力现代化建设的意见》，还应当包括有一些民约民俗。治理方式的合法性就是要从根本上解决治理的依据本身必须是良好的，是有益于社会和人民利益的，是符合现代法治理念的规则规范。基层治理要坚持法治、德治和自治相结合，"情""礼"等民间习惯一直被奉为调整人际关系的圭臬、行为处世的法则，治理方式的合法性要求对这些民约民俗注入现代法治理念，使其逐步走向正规化、合法化的轨道，确保在法治轨道上运行。

基层社会治理离不开党的领导，提升基层党组织依法执政水平是保证基层社会治理方式合法性的重要内容。一是注重发挥基层党建在社会治理中的重要作用，通过党建提升党的政治影响力，贯彻全面从严治党最后一公里。基层党支部要不忘初心、牢记使命，积极进行党员教育、管理、监督和服务等。充分发挥基层党支部政治功能，创新党建工作方式与工作机制，强化组织吸引力和凝聚力，实现党建工作规范化、制度化。杜绝党建和业务工作的两张皮，强化二者协同发展。二是提升基层党的组织力。共产党的历史实践告诉我们要重视组织发展，不断提升组织力，在基层治理中，党的组织力主要体现在党支部建设中。

基层治理的需求变化不断改进党的领导方式。现代化治理目标的实现，需要党逐步调整创新党组织结构、体制机制以及运作方式，根据新时代社会治理的需求调整党的领导方式，以便更好满足复杂多变的基层社会治理环境需要。与时俱进，加强利用平台机制领导基层社会治理。信息新技术正在逐渐改变人民的生产生活方式，使人们逐渐"依赖"平台技术。当今时代网络平台迅速崛起，大量网络大V、热门博主、演员歌手、网红、带货主播等传媒职业者或自由职业者大量活跃在新经济组织、新社会组织和其他基层组织群体，网络是他们最主要的活动空间。这是中国网络信息化新时代发展的标志，是市场经济、互联网乃至全球化等多维因素共同作用的结果，是中国社会个体发展趋势的重要体现。善用平台机制领导社会治理是新时代对中国共产党的新要求。"平台机制"的发展能够广泛运用于企业组织、社会组织和政治组织，辅助基层社会治理，例如大数据平台、生产生活平台、共享经济平台等众多平台，可实现多方连接，大规模资源集中和分配，便利社会互动，加快经济发展，提升发展动力的作用。因此，要广泛建立并利用平台机制，加强利用平台机制领导基层社会治理，掌握新技术新方法、建立网络党支部，利用平台机制有效做好群众工作，同时抓住新媒体发展的趋势，顺势而入、因势利导，为各类社会组织搭桥接线，组织到新兴群体，提升社会自主联结能力，全面推进社会治理法治化，让基层社会治理稳定有活力。

3. 坚持基层治理过程的规范性。基层位于国家治理的末梢，直接与国家治理下的人民打交道，基层治理所面临的困难是非常严重的，如何实现基层的有效治理是摆在我们面前的巨大难题。唐代吴兢的《贞观政要》中讲道："理国要道，在于公平正直。"我国正处于结构调整期、产业转型期，经济发展面临挑战，特别是受三年新冠疫情影响，进一步发展还面临着一些突出的问题和矛盾。依法治理、依规治理，保证实现公平正义，基层治理过程的规范性是十分重要的。能够调整决策部署结构，保证基层政府行政行为规范，基层政府自身的管理规范，转变、缓解最大限度瓶颈制约、加快精神升级、促进制度保障、维护成果利益。

基层社会治理的规范化，也是基层社会治理制度化的过程，在不同层面上构建新的治理模式。要提升基层政府依法行政水平：一是更新基层政府社会治理理念，强化政府的服务与法治意识，加强对基层领导干部和执法人员的法治教育培训，提升职业道德素养，以法律规范执法言行，提升执法队伍思想政治素质，从思想上严格确立法律的权威性与有效性，自觉运用法治思维与法治方式处理基层问题，明确职权法定，做到法无授权即禁止，规范执法行为，提升政府公信力。二是完善执法程序，厘清政府职责。首先，完善基层政府职能定位、机构设置、权责分工、运行机制等方面问题。基层政府应当实行大部制改革，改善当前基层政府协调机制不健全的现状，最大限度地减少政府部门职能交叉、推诿扯皮、效率低下等问题。其次，要依据法律以及各基层地区的实际情况来界定部门职能，减少基层政府各部门之间权责失衡、利益寻租等问题，改善重复处罚、管理责任分散、责任定位模糊等局面，提高执法效率，形成执法合力，创造优良的执法环境。再者，厘清基层政府的权力清单与责任清单。"清权、减权、制权、晒权"，把依法享有的权利利用起来、规范起来，把应该负责的责任负起来，落实法无授权不可为，法定职责必须为。再次，强化规则程序。通过正当法律程序规范权力的行使，严格依照法律规定办理案件。把权力关进制度的"笼子"，解决执法恣意与任性，从根源上杜绝讲人情、托关系、滥用权力的现象。最后，完善基层政府信息公开制度。公开作为法治政府公正执法的前提与保障，是建设阳光政府的基本要求。具体而言，规范政务公开工作流程，推进办事服务公开标准化，拓宽政务公开渠道，通过政府门户网站、官方微博微信等线上渠道以及政务公告栏等线下渠道公开信息，线上线下两手抓，共同实现信息的公开透明；完善基层政府行政决策公众参与机制，坚持决策公开，扩大公众参与度，保证群众充分参与本村或社区的各项事宜，提高决策透明度。坚持依法行政与信息公开也是对公民权利的保障，可以有效减少公民对行政行为的不服与对抗。

科学界定各行为主体的权限、责任、机制；转变政府职能，优化基层政府的公共服务职能；积极推进基层治理工作程序化、基层治理服务规范化；规范政府社会治理、社会自治和良性互动；规范基层社会问题化解机制，加强对各类矛盾的解决。在法治框架内处理社会事务，维护社会公平正义。

4. 坚持基层治理目标的现代性。党的十八届三中全会提出的《中共中央关于全面深化改革若干重大问题的决定》明确指出：中国改革已进入深水阶段和攻坚阶段，要顶层设计与摸着石头过河相结合，要以强烈的使命感去啃硬骨头，要突破利益藩篱，勇涉险滩，推进国家治理体系和治理能力现代化。这一决议背后所折射的是党和政府的治理理念发生了重大转变，越来越重视社会在自身发展的历史中自然生发的自下而上的诉求即现代性的治理诉求，顶层制度和政策设计也越来越清晰地呈现从过去忽视、限制社会参与到主动引导社会自治和公民参与的变化。党的十九大报告中也明确指出了要"加强社会治理制度建设，完善党委领导，政府负责，社会协同，公众参与，法治保障的社会治理体制，提高社会治理社会化、法治化、智能化、专业化水平"。新形势下基层治理要坚持治理目标的现代性原则，要适应新时代中国经济社会双重转型的变化，要适应基层社会治理的新要求，要全面认识和准确把握社会矛盾的风险类型，充分体现"以人为本、服务在先的理念"，要适时适度适当的管理基层社会的各个层面和各个领域。

四、基层社会治理法治化与全面依法治国的内在关系

依法治国是基层治理法治化的价值追求。基层社会治理法治化，"就是在坚持党的领导、人民当家作主、依法治国有机统一的前提下，在县级以下行政区域，按照法律管理基层事务，让基层的经济，政治，文化等一切活动依照法律管理，公民的所有行为依照法律进行，推进基层法治建设，推进依法执政、严格执法、公正司法、全民守法，将基层的经济社会发展各项工作纳入中国特色社会主义法治体系当中，促进国家治理体系和治理能力现代化[①]。"

---

① 唐寿东：《对基层治理法治化的认识与思考》，《理论与当代》2015年第3期。

基层社会治理法治化有诸多价值，对于经济发展、社会和谐、文化建设等各个方面都有推动作用。在众多的价值取向中，依法治国是基层治理法治化的实现目标和重要价值取向，依法治国引领基层治理走向现代化和法治化轨道，从而实现国家治理体系和治理能力现代化。

基层社会治理法治化，是全面依法治国方略在基层社会的具体实践。基层社会治理法治化是全面依法治国的必然要求，是全面依法治国重要组成部分。全面依法治国的关键在于"全面"二字，没有基层社会治理的法治化，就不可能有整个中国的法治化。推进全面依法治国的基础在基层，推进依法治国方略必须打牢基础。习近平总书记指出："社会治理的重心必须落在城乡社区，社区服务和管理能力强了，社会治理的基础就实了"。基层是法治中国建设的薄弱环节，法治社会的最终落脚点在基层。实现法治依法治国总目标，只有着力做好基层这个基础工作，把依法治国的各项要求落实到城乡各个基层组织，成为人民群众"身边的法治""家常的法治""管用的法治"，成为大家意识中、骨子里的自觉行为，法治中国建设才有不竭的发展动力，才能具备坚实有力的支撑。

第四节　我国基层社会治理法治化的法律建构

一、宪法以根本法的形式确定了基层社会治理制度的法治架构

宪法是我们党集中意志的体现，以维护和保障人权为核心价值。基层社会治理格局要在宪法的框架内搭建，实现基层社会治理"于法有据""良法善治"。宪法第二条第二款规定"人民依照法律规定，通过各种途径和形式，管理国家事务。"广大公民通过政府、企业或其他社会组织等形式依据相关法律规定参与基层社会治理，是宪法赋予公民的基本权利，也是我国社会治理主体多元化的合法性来源。宪法第41条规定：中华人民共和国公民对于任何国家机关和国家工作人员有提出批评和建议的权利，对于任何国家机关和国家

工作人员的违法事实行为，有向有关国家机关提出申诉、控告或者检举的权利；第111条规定：城市和农村，按居民居住地区设立的居民委员会或者村民委员会，是基层群众性自治组织。居民委员会、村民委员会设人民调解、治安保卫、公共卫生等委员会，办理本居住地区的公共事务和公益事业，调解民间纠纷，协助维护社会治安，并向人民政府反映群众的意见、要求和提出建议；以民主集中制为原则的党内民主制度、以选举民主为基础的人民代表大会制度、以协商民主为特色的人民政治协商制度、以实现平等团结互助和谐民族关系为宗旨的民族区域自治制度、以调动中央和地方两个积极性为目的的地方制度等等，这些内容的规定，为基层社会治理制度构建提供了法治框架。

二、地方组织法和基层社会组织自治法明确了基层组织的具体职责

基础社会治理中的法律架构体系，明确了基层社会管理的主体、实施管理的权力和程序。具体包括有《中华人民共和国地方人民代表大会和地方人民政府组织法》《中华人民共和国村民委员会组织法》《中华人民共和国城市居民委员会组织法》以及各省居民委员会组织法实施办法等，这些法律明确界定了基层权力机关、行政机关及其派出机关的具体职责和具体工作任务。根据2022年3月11日第十三届全国人民代表大会第五次会议《关于修改〈中华人民共和国地方各级人民代表大会和地方各级人民政府组织法〉的决定》（第六次修正），修订后的《中华人民共和国地方各级人民代表大会和地方各级人民政府组织法》第七十六条规定：乡、民族乡、镇的人民政府行使下列职权：保护社会主义的全民所有的财产和劳动群众集体所有的财产，保护公民私人所有的合法财产，维护社会秩序，保障公民的人身权利、民主权利和其他权利等；第八十五条规定：市辖区、不设区的市的人民政府，经上一级人民政府批准，可以设立若干街道办事处，作为它的派出机关；第八十六条规定：街道办事处在本辖区内办理派出它的人民政府交办的公共服务、公共管

理、公共安全等工作，依法履行综合管理、统筹协调、应急处置和行政执法等职责，反映居民的意见和要求。

我国现行的《中华人民共和国城市居民委员会组织法》第三条规定：宣传宪法、法律、法规和国家的政策，维护居民的合法权益，教育居民履行依法应尽的义务，爱护公共财产，开展多种形式的社会主义精神文明建设活动；办理本居住地区居民的公共事务和公益事业；调解民间纠纷；协助维护社会治安；协助人民政府或者它的派出机关做好与居民利益有关的公共卫生、计划生育、优抚救济、青少年教育等项工作；向人民政府或者它的派出机关反映居民的意见、要求和提出建议。

三、民法典为基层社会"五治"提供了全面支撑和法律基础

《中华人民共和国民法典》第一条规定了立法目的是保护民事主体的合法权益，调整民事关系，维护社会和经济秩序，适应中国特色社会主义发展要求，弘扬社会主义核心价值观。昭示了将社会主义核心价值观全面融入中国特色社会主义法律体系中。在承载中华民族精神追求和我国社会评判是非曲直的价值标准的同时，使德治有了法律底色；《中华人民共和国民法典》第四条到第九条规定了民事主体从事民事活动的基本原则，民法的自治理念和"平等协商"以及民法恪守的"诚实信用"，引导每个民事主体自律自理，进而因个体善治而将绝大部分社会矛盾消弭于无形；《中华人民共和国民法典》第四篇人格权的规定，回应了互联网、高科技、大数据时代如何保护个人信息、个人隐私，为基层社会"智治"提供了"禁止标尺标线"。将"合法、正当、必要"作为使用个人信息的准则[①]。

---

① 《以民法典指引基层社会治理》，《中国青年报》2021年3月。

四、社会弱者权益保障法以及对弱者法律援助和司法救助的规定

我国《老年人权益保障法》《残疾人权益保障法》《残疾人就业条例》《妇女儿童权益保障法》，规范城乡居民最低生活保障的《城乡居民最低生活保障条例》《社会救助暂行办法》等。2013年修订的《老年人权益保障法》七十二条规定，老年人合法权益受到侵害的，被害人或其代理人有权向有关部门处理，或者向人民法院提起诉讼。首次将精神赡养写入条文，并具有实际的司法实践。

在2003年实施的《法律援助条例》的基础上，2013年司法部《关于进一步推进法律援助工作的意见》，扩大法律援助的覆盖面。紧密结合经济社会发展实际，适应困难群众民生需求，及时调整法律援助补充事项范围，将就业、就学、就医、社会保障等民生紧密相关的事项逐步纳入法律援助的范围，进一步放宽经济困难的标准，使法律援助的覆盖人群从低保群体逐步拓展到低收入群体，健全基层法律援助服务网络，加强法律援助工作站和联络点的建设，推进法律援助向社区、乡村延伸。

方法篇

第三章　新形势下对基层社会治理法治化的现实要求

第一节　社会治理体制改革与社会治理法治化

2013年11月，党的十八届三中全会确立的全面深化改革总目标是"完善和发展中国特色社会主义制度，推进国家治理体系和治理能力现代化"[1]。2017年10月，党的十九大召开，在这次会议上，针对国家治理体系和治理能力现代化提出了两个阶段性目标：第一个阶段目标，到2035年，基本实现国家治理体系和治理能力现代化；第二个阶段目标，到2050年实现国家治理体系和治理能力现代化。国家治理现代化是有国家治理体系现代化和治理能力现代化两部分组成。国家治理体系现代化，反映的是一个国家的制度建设情况；国家治理能力现代化，则是一个国家制度执行能力的集中体现。习近平总书记指出：推进国家治理体系和治理能力现代化，就是要适应时代变化，不断改革不适应实践发展要求的体制机制，在创新中使各个方面的体制机制更加科学、更加完善[2]。国家治理体系和治理能力现代化的理想状态，最终就是要实现善治。善治是对整个社会的要求，不仅要求有好的政府治理，还要求有好的社会治理[3]。社会治理是国家治理的重要基础，也是国家治理的核心内容。

---

① 中共中央文献研究室：《十八大以来重要文献选编》（上），中央文献出版社2014年版。

② 中共中央宣传部：《习近平新时代中国特色社会主义思想三十讲》，学习出版社2018年版。

③ 俞可平等：《中国的治理变迁（1978-2018）》，社会科学文献出版社2018版。

社会安定有序是国家经济发展的根基，推进国家治理现代化，必然要求在构建科学合理制度的前提下，依法有效规制公共权力运行，同时维护好社会秩序，促进社会的和谐稳定。实现这一目标，必须遵循社会治理的基本规律，持续深化社会治理体系改革，不断推进社会治理方面的制度创新、理论创新和实践创新。

近年来，特别是党的十八大以来，党和国家在推进社会治理体制改革的进程中更加注重强调实施社会治理要坚持依法治理，重视发挥法治的保障作用，化解社会矛盾时，要善于运用法治思维，善于运用法治方式。党的十八届四中全会明确提出，要推进社会治理体制创新法律制度建设，健全依法维权和化解纠纷机制，推进多层次、多领域依法治理，提高社会治理法治化水平[①]。从根本上讲，坚持依法治理，就是要实现社会治理法治化，在法治轨道上推进社会治理。推进社会治理法治化，是打造共建共治共享社会治理格局的有力抓手，是创新社会治理模式，深化社会治理体制改革，提升社会治理能力的现实要求和制度保障，也是实现国家治理体系和治理能力现代化的必然必由之路。

"法者，所以兴功惧暴也；律者，所以定纷止争也；令者，所以令人知事也。"法治能把社会治理主体和对象纳入法治轨道，从而形成有序、稳定的法治秩序，从而达到社会治理的预期目标。社会治理体制改革的成败，很大程度上取决于法治建设的成就，法治具有可预见性，可操作性以及可救济性等鲜明特征和独特优势，充分发挥法治对社会治理的引领、规范和保障作用，可以最大限度地凝聚社会共识，降低社会治理成本，依法平衡各利益主体之间的关系，引导社会公众合法性权行使权利，表达自己的合理诉求，妥善化解产生的社会矛盾纠纷，从而推动全社会普遍形成尊重法律、遵守法律，通过法律来解决问题的良好社会秩序。

---

① 《中共中央关于全面推进依法治国若干重大问题的决定》，《求是》2014年第21期。

第二节　新时代的枫桥经验与基层社会治理法治化

一、枫桥经验的由来

枫桥经验，是指20世纪60年代初，浙江省绍兴市诸暨县（今浙江省诸暨市）枫桥镇干部群众创造的"发动和依靠群众，坚持矛盾不上交，就地解决，实现'捕人少，治安好'的经验"。

20世纪60年代初期，我国面临复杂严峻的国际国内形势，中国还没有从刚经历的三年困难时期完全恢复过来，再加上当时台湾地区的蒋介石在美国的怂恿下叫嚷着要"反攻大陆"，而大陆的一些地主、富农、反革命分子、坏分子等"四类分子"与蒋介石遥相呼应，到处散布"变天"的谣言，在这样一个历史背景下，如何处理"四类分子"，巩固人民民主专政的政权，最大限度地调动一切积极的因素为社会主义建设服务，是当时党和国家面临的一项重大政治任务。1963年2月，中共中央在北京举行工作会议，决定在全国农村普遍开展社会主义教育活动。同年5月，毛泽东同志在杭州主持召开中央政治局扩大会议，讨论起草了社教运动的纲领性文件《关于目前农村工作中若干问题的决定（草案）》，提出要把绝大多数"四类分子"改造成社会主义新人的任务。1963年6月，中共浙江省委组织社会主义教育运动十点工作队进驻诸暨、上虞、萧山。同年7月，中共浙江省委根据党中央"一个不杀，大部不捉"的指导方针，规定在改造"四类分子"的过程中，除有犯罪行为的现行犯外，一律不得逮捕人，在运动后期，必须逮捕的，也要报经省委的批准。同年9月，中共中央根据十点中提出的问题，制定了"一个不杀，大部（百分之九十五）不捉"的方针。这一方针，成为当时枫桥区社会主义运动试点工作的指导方针。

　　1963年10月，枫桥区的社教运动基本结束后，浙江省委工作组指定省公安厅8人小组在枫桥公社紫薇大队一农户家中起草总结枫桥区社教运动试点工作的经验。10月下旬完成了《枫桥区社会主义教育运动对敌斗争总结》的材料。10月底，毛泽东同志在杭州听取了公安部领导的汇报，提出说："这叫作矛盾不上交，就地解决。"并指示要好好总结。经过公安部和浙江省委集体讨论修改，形成了以中共浙江省委工作队、中共诸暨县（今浙江省诸暨市）委署名的《诸暨枫桥区社会主义教育运动中开展对敌斗争的经验》[①]。1963年11月，公安部领导把将在第二届全国人民代表大会第四次会议上所作的题为《坚持人民民主专政，依靠群众，把绝大多数"四类分子"改造成为新人》的发言稿送给毛泽东同志审阅。毛泽东同志在这个发言稿上亲笔批示："此件看过，很好。讲过后，请你们考虑，是否可以发到县一级党委及公安局，中央在文件前面写几句介绍的话，作为教育干部的材料。其中应提到诸暨的好例子，要各地仿效，经过试点，推广去做"[②]。随后，中央又两次对"枫桥经验"作了批转。由此，"枫桥经验"成为全国政法战线的一面旗帜。之后，"枫桥经验"得到不断发展，形成了具有鲜明时代特色的"党政动手，依靠群众，预防纠纷，化解矛盾，维护稳定，促进发展"的枫桥新经验，成为新时期把党的群众路线坚持好、贯彻好的典范。

　　2003年11月，时任浙江省委书记习近平同志在浙江纪念毛泽东同志批示"枫桥经验"40周年大会上明确提出，要牢固树立"发展是硬道理、稳定是硬任务"的政治意识，充分珍惜"枫桥经验"，大力推广"枫桥经验"，不断创新"枫桥经验"，切实维护社会稳定。

　　"枫桥经验"形成于社会主义建设时期，发展于改革开放新时期，创新于中国特色社会主义新时代，经历了从社会管制到社会管理再到社会治理经验的两次历史性飞跃。实践充分证明，"枫桥经验"是党领导人民创造的一整套

① 　金伯中：《论"枫桥经验"的时代特征和人本思想》，《公安学刊》2004年第5期。
② 　建国以来毛泽东文稿编委会：《建国以来毛泽东文稿》（第10卷），中央文献社1987年版。

行之有效的社会治理方案，是新时代政法综治战线必须坚持、发扬的"金字招牌"。

二、新时代"枫桥经验"的创新发展

改革开放以来，我国社会发展取得了举世瞩目的成就。社会主义市场经济体制逐步完善，行政体制改革逐渐走向深入。在转变政府职能、建设服务型政府方面也取得了重大进展，人民的生活水平也得到了大幅度的提升，城乡基层公共服务逐步实现全覆盖。应该看到，在社会转型期，人民生活水平提高的同时也伴随着社会阶层的分化，人民的思想观念呈现多元化，民主意识、权利意识和参与意识增强，社会矛盾日趋复杂，基层治理面临的挑战日益加剧。突出体现为：政府、市场、社会边界和功能的模糊。社会组织发育滞后，社会活力不足；城乡二元的体制机制约束，造成城乡、区域基本公共服务供给不足和严重失衡；封闭、固化的社会管理思维、方式和体制不能适应开放、流动背景下的社会管理服务需要；以民主选举、民主决策、民主管理和民主监督为基础的基层自治制度的微观机制不健全、实践运作不完善，造成社会的民众的参与意识、规则意识淡薄以及参与能力不足等。这些都成为影响国家与社会有序发展和长治久安的重要现实问题[1]。

党的十八大报告提出了全面深化改革开放，深化行政体制改革；完善基层民主制度，健全社会主义协商民主；创新社会管理，加强社会建设等重要改革举措。十八届三中全会通过了《中共中央关于全面深化改革若干重大问题的决定》，提出了全面深化改革的总目标是完善和发展中国特色社会主义制度，国家治理体系和治理能力现代化，从而明确了国家改革的战略方向和目标，同时也指明了基层治理的改革发展方向。十八届四中全会审议通过了《中共中央关于全面推进依法治国若干重大问题的决定》，提出建设中国特色社会主义法治体系，建设社会主义法治国家，坚持法治国家、法治政府、法

---

① 尹华广：《枫桥经验与基层社会治理法治化》，中国人民公安大学出版社2020年9月第1版。

治社会一体建设，共同推进，为实现国家治理现代化提供坚强的法治保障。在党的十九大报告中，习近平总书记进一步从指导思想、基本格局、体制制度、发展水平、机制任务及战略目标等六个方面，对加强和创新社会治理作出了更加系统的部署，将社会治理的认识提到了一个新的高度，形成了全面深化改革整体框架下关于社会治理现代化的系统观点和相对完整的思想体系[①]。《中共中央关于坚持和完善中国特色社会主义制度，推进国家治理体系和治理能力现代化若干重大问题的决定》指出，社会治理是国家治理的重要方面，强调要加强和创新社会治理，坚持和完善共建共治共享的社会治理制度，保持社会稳定、维护国家安全。加快推进社会治理现代化，夯实"中国之治"的基石。

"枫桥经验"是一个预防与化解社会矛盾的经验，是一个始终围绕党和国家中心任务、顺应时代发展的经验，是一个动态发展的经验。从精神实质的角度来看，"枫桥经验"始终凸显以人为本的理念，坚持群众路线、坚持实事求是、与时俱进。进入新时代，"枫桥经验"不断创新发展，被赋予了新的科学内涵和时代特征，新时代"枫桥经验"成为推进基层社会治理法治化的典范。

新时代"枫桥经验"是党的十八大以后，在原有的基础上创新发展起来的"枫桥经验"，具有鲜明的"治理"特征，主要内容是在开展社会治理中实行"五个坚持"，即坚持党建引领，坚持人民主体，坚持"三治融合"，坚持"四防并举"，坚持共建共享。

党建引领是新时代"枫桥经验"的政治灵魂，反映了新时代"枫桥经验"的本质特征。人民主体是新时代"枫桥经验"的核心价值，实现人民的利益是新时代"枫桥经验"的价值导向。路径创新是新时代"枫桥经验"的实践特质。坚持自治、法治、德治"三治融合"是新时代"枫桥经验"的主要路径。人防、物防、技防、心防"四防并举"是新时代"枫桥经验"的重要手

---

① 王名、李朔严：《十九大报告关于社会治理现代化的系统观点与美好生活价值观》，《中国行政管理》2018年第3期。

段。共建共享是新时代"枫桥经验"的工作格局。

三、"枫桥经验"与基层社会治理

"枫桥经验"是中国基层社会治理的典范，实现了基层社会治理的社会化、法治化、智能化、专业化，是推进基层社会治理现代化的方向。

从社会化的视角，"枫桥经验"创新了基层社会治理体系，引入"新乡贤"作为基层治理重要的非制度性主体，有助于汇聚社会多方力量、统筹社会资本，实现基层治理参与主体的多元化，进而丰富完善"自治—德治—法治"多元化基层治理模式，是新时代基层治理的重要辅助性力量。为基层社会治理实现"多元共治"提供了实践经验。从法治化的视角，"枫桥经验"完善了三个层面的治理制度体系：中央立法制度体系、地方立法制度体系与社会规范制度体系。给基层社会治理现代化提供了充足的法治保障。以法治方式进行基层社会治理，是"枫桥经验"基层社会治理创新的重要特色[①]。"枫桥式派出所""枫桥式法庭""枫桥式检察室""枫桥式司法所"成为推进基层社会治理法治化的典型经验。从智能化的视角，推进"雪亮工程""智慧大脑"建设、创新建立微邻里促进社会治理、建设智慧法院新生态等，都是"枫桥经验"智能化在基层社会治理中的实践。从专业化的视角，标准化是新时代"枫桥经验"推进基层社会治理现代化的重要方面。主要包括有：利用标准化进行精细化治理，把智能化与标准化相结合，以标准化来规范乡村治理[②]。

"枫桥经验"重群众自治，健全以群众自治组织为主体、社会各方广泛参与的治理体系。群众主体的自治和广泛的社会参与，避免了社会治理变成政府独角戏，有效破解了"政府干着、群众看着，政府很努力、群众不买账"的难题。将坚持把基层事务决策权、管理权、监督权交给群众，推动民事民

---

① 李霞：《新时代"枫桥经验"的新实践：充分发挥法治在基层社会治理中的作用》，《法学杂志》2019年第1期。

② 褚宸舸：《基层社会治理的标准化研究——以"枫桥经验"为例》，《法学杂志》2019年第1期。

议、民事民办、民事民管，把党的政策主张变成群众的自觉行动。在健全完善村民（居）民自治的同时，推进村级社会组织标准化建设，打造一批新型的社会组织。

"枫桥经验"重法治建设，强调运用法治思维和法治方式解决涉及群众切身利益的矛盾和问题。要进一步深入推进司法体制改革，落实司法责任制，强化公正司法、严格司法、阳光司法，破解执行难的问题。优化环境污染纠纷、物业纠纷、医疗纠纷、交通事故等专调委员会和市镇两级联合调解中心及各类品牌调解室运行机制，完善多层次、社会化、全覆盖的"枫桥式"矛盾纠纷大调解体系。构建公共法律服务体系，探索信访法治化处置机制，完善信访制度，创建"零上访镇村""无诉讼村"，引导群众依法理性反映信访诉求。

"枫桥经验"重德治引领。以全国文明城市创建为龙头，扎实推进新时代文明实践中心全国试点，构建"实践中心—实践所—文化礼堂"三级体系，实现德润人心、教化群众。实现优秀传统文化与现代治理元素有机融合。弘扬崇德向善新风，选树一批道德榜样、家风典范和文明示范，唱响向美向善的诸暨"好声音"。

四、"枫桥经验"推进了基层社会治理法治化

"枫桥经验"自1963年形成到现在，经历了诞生、推广、发展、创新四个不同的阶段。在诞生阶段，"枫桥经验"是把绝大多数的"地主、富农、反革命分子、坏分子"等"四类分子"改造成为新人的经验；在推广阶段，"枫桥经验"创造了三个具体的经验，即就地改造流窜犯、帮助失足青少年与一般违法人员和为"四类分子"评审摘帽的经验；在发展阶段，枫桥经验是社会治安综合治理的典范；在创新阶段，枫桥经验成为探索基层治理现代化（包括法治化）的经验。从内涵上，"枫桥经验"是一个预防与化解社会矛盾的经验，是一个顺应新时代发展的经验，是一个动态发展的经验。

"枫桥经验"是一个紧紧把握时代脉搏，始终围绕党和国家中心工作而动

的经验。从新时期的时代背景看，我国已进入新时代，全面实现了小康社会。在此阶段，体制性、机制性矛盾凸显，人们的民主意识、法治意识不断增强。从党和国家的中心工作来看，党的十八届四中全会提出推进全面依法治国的主题。并明确指出，推进全面依法治国，基础在基层，工作重点在基层，所以法治化是"枫桥经验"创新发展的必由之路。2013年，在纪念毛泽东同志为"枫桥经验"题词50周年前夕，习近平总书记对坚持发展"枫桥经验"做出了重要指示："各级党委和政府要充分认识'枫桥经验'的重大意义，发扬优良作风，适应时代要求，创新群众工作方法。善于运用法治思维和法治方式解决涉及群众切身利益的矛盾和问题，把'枫桥经验'坚持好、发展好，把党的群众路线坚持好、贯彻好"[①]。

枫桥经验是一种中国特色的法治生活模式。新时期创新发展枫桥经验，坚持群众路线法治化，坚持群众路线与法治思维相结合。一方面，"枫桥经验"已经发展到了法治化阶段，这是与我国全面推进依法治国的国情相适应，特别是与基层治理法治化的要求相适应。另一方面，法治化对深化"枫桥经验"、创新"枫桥经验"提供了方向与路径，也充分体现了"枫桥经验"紧紧围绕党和国家中心工作而动、紧紧把握时代脉搏的特征。

五、"枫桥经验"实现了基层党建制度化与基层社会治理法治化的衔接

习近平总书记指出："坚持党的领导，是社会主义法治的根本要求，是党和国家的根本所在、命脉所在，是全国各族人民的利益所系、幸福所系，是推进全面依法治国的题中应有之义；党的领导和社会主义法治是一致的，社会主义法治必须坚持党的领导，党的领导必须依靠社会主义法治[②]。"具体到基层治理中，推进基层社会治理必须坚持党的领导，通过加强党的领导来引

① 王比学：《把"枫桥经验"坚持好、发展好，把党的群众路线坚持好、贯彻好》，《人民日报》2013年10月12日。
② 十八届四中全会《关于全面推进依法治国若干重大问题的决定》。

领基层治理法治化。

在新形势下，如何继续保持基层党员的先进性，对基层党员先进性有一个鉴别机制、一个长效管理机制、一个党员进出畅通的通道，努力建设一支素质优良、结构合理、规模适度、作用突出的党员队伍，这是新时期基层党建的一个重大课题。诸暨市枫桥镇新择湖村的党支部创造性地制定了"四色榜单"亮分制度，为全国各地基层党建制度化先进性树立了典型。"四色榜单"亮分制度是指按照党员先锋指数测评所得的不同分值，将党员分别在红榜、黄榜、蓝榜、灰榜四个不同榜单中考评党员先进性的一种亮分管理制度。"四色榜单"亮分管理制度适用于新择湖村所有在册的正式党员和预备党员，主要内容分三个部分：一是对党员平时的日常化管理，二是对党员年底的集中测评，三是将所有党员根据前述两项成绩相加的总得分，分别放入红榜、黄榜、蓝榜、灰榜四个不同榜单中并张榜公布。

基层党建制度化是基层社会治理的重要内容。基层党建与所有的党建一样，包括思想建设、组织建设、作风建设、制度建设与反腐倡廉五个方面。"四色榜单"亮分制度以制度建设为基础，将制度建设贯穿于思想建设、组织建设、作风建设、反腐倡廉的全过程，体现了法制性、民主性，与党的全面依法治国、从制度上全面从严治党的要求相一致。"四色榜单"亮分制度，也是精细化管理体现。党员联系群众的网格化管理与基层网格化管理紧密联系，将党组织建在网格上，构建党建引领基层治理的新格局。

第三节　依法预防和多元化解矛盾纠纷

当前中国正处于社会转型期，也是矛盾凸显期，日益增多的各类社会矛盾纠纷如何解决，是我们当前面临的重大课题。法治社会是构筑国家的基础，社会的和谐稳定只有在法治的保障下才能实现。构建基层社会纠纷多元化解决机制是转型期基层治理法治化得非常值得探索的路径。"枫桥经验"中调解法治化的实践，为我们研究基层治理法治化提供了典型的实践材料。所谓调解法治化，是指调解主体、调解手段、调解依据、调解结果、调解目标等要素的法治化。调解主体法治化是指从事或参与矛盾纠纷调解的调解工作人员具有较为丰富的法律知识或较高的法律素养。调解手段法治化，是指调解的方法与技巧等具有法律特征。调解依据法治化，是指调解的依据是相关制定的法律，而不仅是单靠情与理，法律在调节依据中占有重要的地位。调解结果法治化，是指调解的结果具有法律约束力，在一定的条件下，可以依法向人民法院申请强制执行。调解目标法治化，包含两个方面的内容：一是对当事人而言，调解并不以解决当下矛盾纠纷为终极目标，而是在调解过程中，向当事人宣传、普及法律知识，通过调解，让当事人明白法律的含义、法律的权威，从而让当事人明白，遇到问题需要通过法律的途径解决；二是对法治发展而言，由于调解具有自愿性，在调解过程中，当事人对法律的适用往往会从让自己的利益最大化的角度作出选择，这种具有共性的选择，对于下一步的科学立法、严格执法、公正司法、全民守法都具有重要的启示作用。

一、矛盾纠纷多元化解机制的构建是社会治理的必然要求，也是实现基层社会治理法治化的必要方式

（一）矛盾纠纷多元化解的含义

人类社会的不断发展不可避免地会产生多种矛盾纠纷，这些看是繁多复杂的矛盾都有着内在的特点和规律，在社会治理体系中，需要对这些矛盾纠纷进行分类化解。所谓矛盾纠纷的多元化解是指通过和解、调解、公证、仲裁、行政裁决、行政复议、诉讼或者法律法规规定的其他途径，形成合理衔接、相互协调的矛盾纠纷化解体系，依法为当事人提供多样的矛盾纠纷化解服务。即通过对各类不同矛盾纠纷的分析判定，通过综合的、系统的、多渠道的、有针对性的化解方式，在法治的框架下、在规范的运行规则下解决处理各类纠纷。

伴随着经济体制转型的加快，我国社会的利益格局进行深入调整时期，人民群众的利益诉求更加多元。矛盾纠纷也对应呈现出主体多元、诉求多元、利益复杂、类型多样的特点。比较突出的表现在涉及民生根本利益的领域，例如矛盾纠纷相对集中的征地拆迁、医疗卫生、金融风险、劳动争议、医患关系等，这些领域矛盾纠纷的往往表现得更加尖锐、更加复杂，对现有的社会矛盾纠纷解决机制提出了新的挑战①。而随着社会的进步，民众的法律意识不断提高，法律规范要求也日趋完善，通过法律途径解决问题是社会进步的重要表现。矛盾纠纷多元化解机制的确立，既不是传统调解方式的简单延续，也不是对西方ADR潮流的模仿照搬，是建立在我国社会和法治发展的实际需要之上，将中国崇尚和谐的传统与当代世界追求的协商共赢文化融会贯通，与综合治理政策一脉相承，以社会创新实践为依托，其目标是形成民间、行政、司法机制并存，诉讼与非诉讼程序相互协调的多元化纠纷解决程序和制度体系，并形成相应的解纷文化。

矛盾纠纷多元化解机制的构成主要包括：

1. 纠纷解决的主体，即纠纷解决机构人员。按照矛盾的诉讼解决方式与非诉讼解决方式的不同分类，纠纷解决主体也各不相同。诉讼解决方式主要是通过人民法院、检察院和公安部门，其中法官、检察官、公安人员和律师等是主要主体；而非诉讼解决方式的主体就广泛得多，包括有党委、政府、司法机关、企事业单位、社会组织、群众自治组织、中介组织、民间团体、公民个人等。

2. 纠纷解决的依据，即解决纠纷的法律规范与社会规范。按照矛盾纠纷解决的方式，包括诉讼与非诉讼方式的不同，解决的依据也有所不同。诉讼方式解决的依据主要是法律，包括宪法、基本法、行政法规、部门规章、地方性法律、行政规章等，而非诉讼方式则除了必须遵守的法律、法规之外，还可以将社会的自律条律如乡规民约、社会的善良风俗、传统道德、习惯等

---

① 范愉：《以多元化解纠纷机制保证社会的可持续发展》，《法律适用》2005年第2期。

作为依据。

3. 纠纷解决的方式，即纠纷解决的途径。纠纷解决的方式主要包括有协商、调解和裁决。不同的方式采取的途径不完全相同。协商是一种以相互说服对方为目的，实质上是双方的一种交易活动；调解则是由中立的第三方作为调解机构介入纠纷处理，但不做实质性的决定，最终的处分权由当事人自行决定。裁决是由矛盾解决机构作出的判断和决定。

从上述的矛盾纠纷多元化解机制的构成要素来看，无论是解决纠纷主体、纠纷解决依据还是纠纷解决的方式都是多元的。矛盾纠纷多元化解正是基于此多元的特点，集资源和方式的合力，分解了因诉讼案件数量增多，裁判比例增大导致上诉率、信访率居高不下，减少了因司法资源的匮乏、诉讼案件成本高而出现的谋取经济利益的市场化服务机构；化解了因诉讼增多而加剧紧张的社会关系，产生过激行为，家庭的亲善、邻里的和睦、交易的诚信等精神价值的变质；传承了中国传统文化中以和为贵、定纷止争的道德和文化价值，增强了服判息诉的社会效果。在化解矛盾纠纷的过程中，有着春风化雨润无声的作用，是单靠司法和诉讼解决纠纷难以企及的作用。

具体来说就是建立矛盾纠纷综合调处工作平台，有效解决基层调解力量相对分散、衔接不够的问题。在市（区）、县、乡镇、村居四级建立立体化、网格状调解组织。市、县、乡镇三级建立"重大矛盾纠纷调解中心"，它是地方重大矛盾纠纷调处的专门工作机构，以"统一受理、分级负责、归口管理、限期办结"为原则，充分行使矛盾纠纷调处权、矛盾纠纷分流指派权、矛盾纠纷调处督办权、矛盾纠纷调处责任追究建议权等权力，对重大疑难矛盾纠纷组织、协调、调度有关部门联合进行调处。

（二）矛盾纠纷多元化解的突出优势

推进基层治理法治化要与创新基层社会治理相结合，要采取扎实有效的措施积极预防和减少基层的各种不稳定因素，在此基础上要客观理性地认识当前我国基层各类复杂矛盾纠纷多发的实际，要充分发挥调解工作化解矛盾纠纷的重要作用，把人民调解、行政调解和司法调解有机结合起来，综合适用法律、政策、经济、行政等手段和教育、协商、疏导等多种办法，统筹化解矛盾纠纷。综合、系统的矛盾纠纷多元化解机制更能有效化解矛盾纠纷和节约司法资源，更能够激发社会主体的活力，推进社会公平正义精神的树立，修补紧张的社会关系。

1. 有利于构建和谐有序的社会格局。矛盾纠纷的解决方式有多种，司法、行政、人民调解，无论是哪一个，在单独进行纠纷处理的时候都有一定的局限性。司法干预是解决矛盾纠纷的主要方式，但并不是最有效的方式，司法职能虽然是定纷止争，但并不能促使所有矛盾纠纷的彻底解决；司法救济有其固有优点也有显著的局限性，最直接的就是司法无法直接调配社会资源来处理各类矛盾纠纷。而更多纠纷的彻底化解，利益的调整，需要综合运用行政和经济的方法来综合统筹协调实施。司法是守护正义的最后防线，但进入司法程序不代表问题的彻底解决。同时，司法资源是有限的，单纯依靠司法来解决问题，就好比走独木桥，会导致一些可以协商解决的问题走向反面，导致矛盾的对立，反而阻碍矛盾纠纷的化解，最终影响社会和谐[①]。作为矛盾纠纷解决的主力军的人民法院，长期以来在很大程度上维护了法律的公平正义，阻止了矛盾纠纷快速增长，但以诉讼的方式解决矛盾纠纷，无法从根本上达到与不断增长的矛盾纠纷相互制约的平衡点[②]。通过诉讼方式来直面矛盾纠纷，不仅让非诉机制的作用无法发挥，也增加了人民法院审理案件的负担，增大了诉讼成本。迫切需要通过矛盾纠纷多元化解机制来系统、全面地化解纠纷，促使全社会形成良好有序、安定和睦的社会环境。

2. 符合维护和保障广大人民群众根本利益的价值目标。矛盾纠纷的多元化解是探求理性社会，是法治社会追求社会治理的价值目标。随着社会的进步，民众意识的增强，法律不只是统治者的统治工具，更是政府和民众参与社会治理的重要依据，"法律不仅是一种遵循，一种行为准则，更是一种信

---

① 董磊明：《宋村的调解：巨变时代的权威与秩序》，法律出版社2008年版。
② 王雨本：《论多元化社会矛盾纠纷解决机制》，《法学杂志》2009年第5期。

仰，一种生活方式。人人都应接受法律的约束，人人都能从法律中得到自由，人人都享有法律的保护，人人也都负有维护法律的责任[①]。"在处理重大疑难复杂的矛盾纠纷时要充分发挥诉前调解、行政调解、行业调解、委托调解等的作用，对于一些在基层具有典型性、普遍性的矛盾纠纷，应将矛盾纠纷化解在激化之前、解决于诉讼之外。实践证明，多元化解矛盾纠纷，优先通过人民调解处理的纠纷，更能够充分了解当事人的诉求和争议焦点，通过友好协商的方式解决矛盾纠纷，也能够体现当事人充分行使处分权，以更加宽容和柔和方式面对纠纷，处理纠纷。采用多元的方式化解纠纷，可以充分发挥其所具有的增强凝聚力、传承道德价值和协调法律与公序良俗的特殊作用，把大量矛盾纠纷化解在诉外，完全符合人民群众的新要求、新期待，符合人民利益至上的具体要求。

3. 有利于社会治理的不断发展。新时代、新进程、新目标。新的形势下面临新的任务，矛盾纠纷的多元化发展趋势，要求各相关部门必须加强协作配合，全面发挥社会综治作用，共同构筑资源配置合理、机制运转高效的矛盾纠纷解决体系，为不同类型的社会矛盾提供相应的解决渠道。不断创新调解理念、调解手段和调解方法，坚持以"党委领导、政府负责、民主协商、社会协同、公众参与、法治保障、科技支撑"的原则，从源头上预防、疏导、分流社会矛盾，深化社会治安综合治理，有利于及时消除各种影响社会发展的不稳定、不和谐因素，特别是通过协商、和解的方式解决各类矛盾纠纷，有助于协调统一各方利益，加强团结合作，充分保障当事人合法权益，维护社会和谐稳定，完善社会治理体系。

（三）推进纠纷多元化解法治化的着力点

社会矛盾纠纷是经济社会发展的产物，依法预防和化解社会矛盾纠纷是加强基层社会治理、维护社会和谐稳定的必然要求。强化法律在化解矛盾中的地位和作用，重视运用法治思维和法治方式解决社会矛盾，引导公众理性

[①] 齐树洁:《民事司法改革研究》厦门大学出版社2006年版。

表达利益诉求，通过法律途径维护自身的合法利益，是基层社会治理法治化的重要方式。

1. 以地方立法形式推动社会矛盾纠纷多元化解机制的完善。依法多元化解社会矛盾纠纷，要求充分发挥司法在多元纠纷解决机制建设中的引领、推动和保障作用，有效利用诉讼、调解、仲裁、行政裁决、行政复议等各种化解矛盾纠纷途径。为了保证这一项工作能够有序规范地开展，各个地方通过制定相应的地方性条例或办法，合理配置纠纷化解资源，为当事人提供适宜的纠纷化解渠道，鼓励当事人有限选择成本低、效率高、对抗性弱的办法。比如，2016年山东省颁布实施《山东省多元化解矛盾纠纷促进条例》，这是国内第一部关于完善纠纷多元化解机制、促进纠纷多元化解工作的省级地方性法规[①]。2021年11月24日云南省也颁布《云南省矛盾纠纷多元化解条例》，也将矛盾纠纷多元化解纳入到依法开展的轨道中，坚持党委领导、政府负责、民主协商、社会协同、公众参与、法治保障、科技支撑的工作体制，统筹优化资源配置，畅通诉求表达渠道，依法进行矛盾纠纷化解工作。

2. 强化以法院为核心的多元化纠纷解决体系，完善矛盾纠纷的"司法终局机制"。建立以法院为核心的多元化纠纷解决体系，实现由司法机关主导的诉讼机制与地方政府主导、社会广泛参与的非诉讼机制的有效衔接、相互协调，形成层次合理、分工明确、协调规范、衔接到位的多元化纠纷解决体系和工作机制，充分发挥司法权的规范、引领和监督作用，推动各种纠纷解决机制的组织和程序的制度建设。将大部分纠纷的解决纳入法治轨道，促进非诉讼纠纷解决机制的合法性。例如2019年太原市迎泽区人民法院成立的山西省首家矛盾纠纷多元调解中心，以法院为牵头，对接了政府职能部门、群团组织、司法机关、仲裁机构、调解组织五大系统。其中，综治中心、庙前人民法庭、劳动仲裁院整体进驻，检察院、司法局、信访局派员入驻，引进了14家专业性、行业性调解组织，通过集中办公、集中管理模式，建立起集人

---

① 李坤轩：《社会治理法治化研究》中国政法大学出版社2020年06版。

民调解、法律服务、行政调解、司法调解、行政复议、司法确认于一体的多元调解体系。按照统一受理、集中梳理、归口管理、依法办理、限期处理工作原则，截至2021年底，矛盾调解中心共接待来电来访18801次，提供咨询2130余次，受理矛盾纠纷2754起，通过调解成功化解各类纠纷1370起，其中410起通过司法确认，工作成绩显著。矛盾调解中心也成为全省法治化建设、平安单位、创建网格化服务管理等工作的示范单位。

3. 加快建立和完善非诉讼纠纷解决体系。"非诉"和"诉讼"作为化解矛盾的两大手段，都是推动矛盾纠纷纳入法治化轨道解决的重要途径。非诉讼纠纷解决机制是我国"高效的法治实施体系"的重要组成部分。非诉讼纠纷解决机制是我国各级领导干部运用法治方式化解社会矛盾的一个重要抓手。目前，我国有明确法律依据的非诉讼纠纷解决方式主要有：人民调解、行政调解、行政复议、行政裁决、公证、仲裁、律师调解等方式。调解是非诉讼纠纷解决方式的核心。

习近平总书记在2019年中央政法工作会议上提出："把非诉讼纠纷解决机制挺在前面"。非诉讼化解矛盾的一个重要优势是可以因地制宜将矛盾纠纷及时"解决在当地、化解在基层"，可以缓解司法机关压力，有效回应矛盾纠纷的地区性差异。政府的角色应当加强矛盾纠纷多元化解工作的组织领导，指导、督促有关部门履行矛盾纠纷化解工作职责，加强非诉讼与诉讼解决方式的衔接，加强与其他部门和地区间矛盾纠纷化解工作衔接，通过制度化乃至法治化的非诉讼纠纷解决机制，实现与司法机关的"诉调对接"。

二、一站式多元纠纷解决机制建设

（一）一站式多元纠纷化解体系建设的背景

近代以来，党和政府高度重视调解机制的建立和完善。从革命根据地时期的"马锡五审判方式"，到20世纪60年代初"小事不出村、大事不出镇、矛盾不上交"的"枫桥经验"，再到21世纪初大调解格局的形成，多元化纠纷解决机制在发展创新中逐渐形成，并被不断赋予新的时代内涵。党的十八届四中全会《中共中央关于全面推进依法治国若干重大问题的决定》从系统的观点出发，指出"全面推进依法治国，基础在基层，工作重点在基层"，明确提出了"推进基层治理法治化"的要求。深入贯彻落实这一要求，关键是要建立多元化解纠纷机制、充分激发基层社会的活力。

2019年6月12日至13日，最高人民法院时任院长周强在全国高级法院院长座谈会上强调，要深入学习贯彻习近平总书记在"不忘初心、牢记使命"主题教育工作会议上的重要讲话和关于司法为民的重要指示精神，进一步增强践行司法为民宗旨的使命感，全面推进多元化纠纷解决机制建设，促进多元解纷工作持续健康发展。

2019年7月31日，最高人民法院出台了《关于建设一站式多元解纷机制一站式诉讼服务中心的意见》，创造性地系统提出加快建设一站式多元解纷机制、一站式诉讼服务中心的具体要求，明确到2020年底，全国法院一站式多元解纷机制基本健全，一站式诉讼服务中心全面建成的目标任务。

2020年9月1日至2日，全国高级法院院长座谈会在北京召开，最高人民法院时任院长周强强调，要坚持以习近平新时代中国特色社会主义思想为指导，深入贯彻政法领域全面深化改革推进会精神，全面推进一站式多元解纷和诉讼服务体系建设，加快形成符合中国国情、满足人民期待、体现司法规律、引领时代潮流的中国特色纠纷解决和诉讼服务模式，促进服务大局、司法为民、公正司法。

2020年10月26日至29日，党的十九届五中全会在北京召开，明确提出了"十四五"时期经济社会发展主要目标，其中要求"国家治理效能得到新提升，社会主义民主法治更加健全，社会公平正义进一步彰显"。全会通过了《中共中央关于制定国民经济和社会发展第十四个五年规划和二〇三五年远景目标建议》，《建议》提出，"十四五"时期，要正确处理新形势下人民内部矛盾，坚持和发展新时代"枫桥经验"，要完善各类调解联动工作体系，构建源头防控、排查梳理、纠纷化解、应急处置的社会矛盾综合治理机制。

一站式多元解纷和诉讼服务体系建设，有利于实现国家治理体系和治理能力现代化，提升人民群众的获得感和满意度。

到2022年，以《最高人民法院关于建设一站式多元解纷机制、一站式诉讼服务中心的意见》为框架、相关配套文件为基础的科学规范、有机衔接、务实管用的更加完善的制度体系建立起来，在坚持党的领导，坚持人民至上，坚持中国道路，坚持系统思维，坚持深化改革，坚持法治保障，立足服务党和国家工作大局、服务人民群众、服务社会治理、服务审判执行的功能定位的前提下，人民法院一站式建设实现了全方位、跨越式、突破性发展，促进了参与社会治理、多元解纷与诉讼服务融合发展。2021年初如期完成"基本建成一站式"目标。以人民法院在线服务平台为总入口、十大诉讼服务平台为支撑的互联互通、融合共享、业务协同的平台体系全部建成；以"厅网线巡"立体化服务渠道为载体，覆盖诉源治理、多元解纷、分调裁审、立案服务、审判辅助、涉诉信访等内容的一站集约、便民利民、高效解纷的应用体系加快形成；以最高人民法院诉讼服务指导中心信息平台为抓手，诉讼服务质效评估指标为牵引的科学化、智能化、精准化"一网统管"管理体系不断优化。一站式建设规模化效应更加凸显，符合中国国情、满足人民期待、体现司法规律、引领时代潮流的中国特色纠纷解决和诉讼服务模式日益成熟，在全世界独树一帜，形成了司法为民新景观，创造了司法文明新高地，走出一条中国特色司法为民之路。

（二）一站式多元纠纷解决机制建设内容

"不能使民无讼，莫若劝民息讼"。我国自古以来就倡导"天下无讼""以和为贵"的价值追求，崇尚人际和谐的社会环境，和谐无讼是中华传统法律文化价值取向和智慧经验的重要体现。"无讼"的理念不是杜绝一切讼争，而是更加注重实质和谐，强调通过多种渠道妥善化解矛盾，实现定纷止争，促进社会和谐，这也是我国基层社会治理思想、经验和智慧的重要体现。"一站式多元纠纷解决机制"的创立，是我国法治史上的创举。

十三届全国人大五次会议审议通过的最高人民法院工作报告明确指出"健全中国特色一站式多元纠纷解决和诉讼服务体系",这是最高国家权力机关对人民法院一站式建设工作予以肯定并明确任务。为深入总结一站式多元纠纷解决机制建设经验,巩固深化这项重大改革成果,更好发扬新时代"枫桥经验",促进基层社会治理体系和治理能力现代化,我国多元化纠纷解决机制建设可在以下方面进一步加强。

1. 深入贯彻习近平法治思想,准确把握一站式多元纠纷解决机制建设的根本遵循。党的十八大以来,习近平总书记从推进国家治理体系和治理能力现代化、建设更高水平的平安中国的高度,就正确处理人民内部矛盾、加强和创新社会治理、预防和化解社会矛盾等提出一系列新理念、新思想、新战略,体现了真挚为民情怀和对社会治理规律的深刻把握,为人民法院坚持和发展新时代"枫桥经验",推进中国特色一站式多元纠纷解决机制建设提供了根本遵循。

2. 健全中国特色一站式多元纠纷解决和诉讼服务体系。一方面,要进一步凝聚多元主体。纠纷多元化解不仅仅是司法机关职责,而是一个系统工程,需要在党委领导下各部门的协同配合和社会力量的广泛动员。要通过一站式机制广泛凝聚多方面力量,包括行政机关、人民团体、群众自治组织、人民调解组织、各专业领域组织等,鼓励律师和法律工作人员参与矛盾化解工作,推动形成优势互补、专群结合、融合发力的多元共治格局。只有全面动员社会力量,凝聚多元主体,才能真正实现纠纷的多元化解,满足人民群众不同的纠纷解决需求。另一方面,要系统总结一站、集约、集成、在线、融合等方面经验成果,进一步推动纠纷解决服务从分散到集约、从单一到多元、从现场到"掌上"、从传统到智能,努力为群众提供普惠均等、便捷高效、智能精准的纠纷解决服务,更好满足人民群众对公平正义的更高需求。

3. 建设全方位纠纷多元化解机制。在巩固已取得的纠纷多元化解的成果基础上,需要进一步建设全方位纠纷多元化解机制。全方位至少体现在以下三个方面:一是积极宣传社会主义核心价值观,普及矛盾纠纷多元化解常识,鼓励理性表达诉求、依法维护合法权益，营造法治社会、和谐社会的环境氛围。二是在环节上实现纠纷的全链条多元化解。从矛盾纠纷的排查预防，到诉前、诉中的化解，到之后的心理疏导和干预，实现矛盾纠纷的全链条防控化解。三是注重各种纠纷解决机制之间的衔接和联动。司法机关做好诉与非诉纠纷解决方式之间的衔接；行政机关健全完善行政调解与人民调解、司法调解的联动；公安机关建立警务警情与人民调解的对接分流机制；在行政机关、人民调解组织、行业性专业性调解组织等协调下达成的和解协议，可以依法申请司法确认。此外，还需要在资金、培训等方面为多元纠纷化解机制提供保障，并积极利用电子技术、互联网等新技术和新平台，方便快捷地满足人民群众的纠纷化解需求。

4. 总结实践经验，完善国家立法。当前，在纠纷多元化解的重要性及对其进行规范和保障必要性的认识日益深化之后，各地陆续出台了相关的地方性立法，比如2020年1月1日起施行的《四川省纠纷多元化解条例》、2021年7月1日起施行的《江西省矛盾纠纷多元化解条例》、2022年1月1日起施行的《云南省矛盾纠纷多元化解条例》等。2021年7月公开征求意见的《深圳经济特区矛盾纠纷多元化解条例（征求意见稿）》中还进行了制度创新，首创了矛盾纠纷中立评估机制。目前，在多元化纠纷解决问题上，已经出现了地方性立法先行的情况，且各地在地方性立法中尝试进行制度创新。因此，需要及时将纠纷多元化解的全国性立法提上日程，一方面让成熟的改革经验及时上升为法律制度，落实完善预防性法律制度的顶层设计；另一方面也为地方立法提供上位法依据和法律保障。通过法律规定明确纠纷多元化解中各主体的地位和职责，规范其在纠纷解决中的行为，并提供监督和保障，让纠纷多元化解在法治的轨道上高效运行。

目前，我国一站式多元纠纷解决机制建设已经取得了巨大成就。在矛盾纠纷的源头治理、多元化解、在线调解、一站式解决等方面，都收获了巨大成绩。特别是人民法院调解平台建设成效显著。公开数据披露，目前已有6.3万个调解组织和26万名调解员进驻调解平台，2021年在线调解纠纷突破1000

万件，平均每个工作日有4万件纠纷在平台调解，诉前调解案件平均办理时长17天，比诉讼时间少39天。这是对人民群众解决纠纷成本的极大节约，是我国社会治理现代化水平的集中体现。最高人民法院工作报告中指出，"集约集成、在线融合、普惠均等的中国特色一站式多元纠纷解决和诉讼服务体系全面建成""目前，我国已建成世界上联动资源最多、在线调解最全、服务对象最广的一站式多元纠纷解决和诉讼服务体系，走出了一条中国特色司法为民之路"。人民法院的一站式多元纠纷解决机制建设，开拓了替代性纠纷解决机制（ADR）和在线纠纷解决机制（ODR）建设的新标杆新境界，创造了特色鲜明、独树一帜的多元纠纷解决中国方案。这是创造性贯彻落实习近平法治思想和党中央决策部署的生动实践，走出了一条中国特色司法为民之路，是新时代"枫桥经验"的创新实践，是中华优秀传统法律文化的传承发展。

通过多措并举，在巩固已取得成果的同时，进一步推动中国特色一站式多元纠纷解决机制建设，是提高基层社会治理能力、促进社会公平正义、实现社会和谐稳定的重要手段和保障，更是实现社会治理体系和治理能力现代化的题中应有之义，也必然会推动中国法治建设和社会治理的理论和实践迈向更高水平。

三、构建基层社会治理多元化解新格局

结合基层社会治理发展实际，建立全方位矛盾纠纷多元化解机制应当坚持围绕落实"党委领导、政府负责、民主协商、社会协同、公众参与、法治保障、科技支撑"的社会治理体系新要求，统筹规划资源配置，畅通诉求表达渠道，依法依规开展矛盾纠纷化解工作，构建党委和政府领导、法治主导、联动机制发挥基础作用、社会参与合作共治结合的多元化纠纷解决新格局。

（一）坚持党建引领，突出党委、政府在矛盾纠纷多元化解机制中的领导作用

矛盾纠纷多元化解工作要积极融入党委政府引领社会治理能力提升的整

体格局，充分发挥党组织在全方位矛盾纠纷多元化解机制中的核心作用，构建起纵横相结合的矛盾纠纷多元化解工作体系。在纵向上，要发挥市（县）、区、街道（乡）、社区（村）四级的党建"主轴"作用，以现已构建的"区—街道—社区—网格、楼宇商圈"四级党群服务中心（站点）为阵地，在党委领导的城乡治理体系下统筹进行矛盾纠纷多元化解机制建设。在横向上，市（县）委政法委牵头建立矛盾纠纷多元化解工作领导小组，作为党委领导市域社会矛盾纠纷系统治理的组织机构；各区党委、政府要以完善本行政区域内的综治中心、一站式矛盾纠纷多元化解中心等平台建设为契机，统筹规划本区域内的矛盾纠纷化解工作。街道和社区党委要充分发挥"轴心"作用，以"一网统筹"的"全科网格"服务管理为支撑，推动矛盾纠纷化解力量下沉、关口前移，协作推进矛盾纠纷就地调处和疏导化解，将城乡网格打造成为发现隐患问题、化解矛盾纠纷的前沿阵地。具体而言，一是要健全各区街道和社区党委、网格党支部、微网格党小组、党员中心户四级联动模式，依托微网格，真正实现矛盾纠纷"源头预防"和"前端化解"；二是科学构建"四横"网格党建体系，覆盖社区党建、公共服务、综合治理和社区管理四个方面，依托网格员打通矛盾纠纷化解的"最后一公里"，最大限度把矛盾化解在基层、化解在诉前。

（二）大力推进法治建设，突出法律在矛盾纠纷多元化解机制中的主导作用

1. 加强立法保障。2015年12月，国务院办公厅印发了《关于完善矛盾纠纷多元化解机制的意见》，我国矛盾纠纷多元化解机制的建立健全进入了一个系统推进的新阶段，为有效化解矛盾纠纷、稳定社会秩序提供了整体性、方向性指导。在这些意见的指导下，基层各级以预防化解矛盾纠纷隐患为重点，以创新矛盾纠纷多元化解调处工作为依托，在探索中逐步形成调解、诉讼、信访、仲裁、行政复议等矛盾纠纷多元预防调处化解综合机制。但从立法设计层面看，仅依靠国家政策文件提出的意见性指导，以及散见于人民调解法、

仲裁法、民事诉讼法等法律规范中关于矛盾纠纷多元化解的相关规定，无法适应目前各地矛盾纠纷多元化解工作主体多元、形式多样、情况多变的情形，也无法保障矛盾纠纷多元化解工作的系统性推进。因此，有必要加强制度供给特别是加强法律制度供给，推动制定地方性法规，将矛盾纠纷多元化解机制纳入法治化轨道，突出法律在矛盾多元化解机制中的主导作用，以刚性的法律条文将矛盾纠纷化解工作固定下来。同时要结合本地矛盾纠纷多元化解的探索实践和工作实际，制定地方性的矛盾纠纷多元化解条例，明确基层矛盾纠纷多元化解机制的组织体系、运行机制和平台保障。一是要明确条例的立法体例。立法体例是否合理直接决定立法质量。从机制角度看，体例结构和内容主要解决机制运行中存在的问题，具体包括明确解纷主体、纠纷排查预防、纠纷化解运行机制及矛盾纠纷化解的保障措施。二是要明确立法原则。立法原则体现了立法内容和法律精神。确定依法依规开展矛盾纠纷化解工作、不违背公序良俗、尊重当事人意愿以及预防和化解相结合等共性原则，以此作为进一步健全全市矛盾纠纷多元化解机制的指导思想和基本方针。三是要规定具体的矛盾纠纷多元化解制度。主要包括纠纷化解主体的多元模式构建、建立符合当地实际的行之有效的矛盾纠纷多元化解机制及确定矛盾纠纷多元化解工作的保障机制，充分发挥法律对矛盾纠纷多元化解机制的规范和引领作用。

2. 强化制度建设。除以地方性立法的形式规范和引领矛盾纠纷多元化解工作外，仍需要进一步完善相关制度，以原则性规范和具体的制度安排相结合，建立健全统一、完备的矛盾纠纷多元化解机制。例如山西省太原市目前已出台的《太原市行政调解办法》、修订后的《太原市依法分类处理信访诉求清单汇编》等一系列政策文件规范了矛盾纠纷调处化解的部分工作。矛盾纠纷化解机制的实际推进过程中，需要在矛盾纠纷多元化解工作领导小组的领导下，政府、人民法院、检察院等在内的多个解纷主体深入推进调解、仲裁、公证、行政复议等非诉讼矛盾纠纷化解手段的整合和优化，在明确各类矛盾纠纷化解手段基本制度规范的基础上，细化和明确各类化解手段之间的协调和联动工作机制，如《关于一站式矛盾纠纷多元化解平台对接应用的实施方案》《矛盾纠纷多元化解平台应用规范》等工作制度，以更细化、更具体的制度安排促使各类矛盾纠纷化解方式协同发力，形成完备的诉源治理、诉调对接、诉非对接相结合的矛盾纠纷多元化解制度体系。

3. 促进法治宣传。矛盾纠纷多元化解机制在过去的实践中未能取得良好社会效果，除机制自身在内部运行和外部联动过程中存在一些不足之外，群众对矛盾纠纷多元化解机制缺少了解、多采用传统的纠纷化解方式也是重要原因。因此，需要借助多种宣传手段、多类宣传主体加深大众对矛盾纠纷多元化解机制包括一站式解纷平台、解纷程序等在内的了解和认知，促使当事人双方发生矛盾冲突后能够自主选择乃至优先选择便捷、适宜的纠纷化解方式，更好助力矛盾纠纷源头化解，优化资源配置。在宣传手段上，一是可以利用电视、广播电台、报刊、街头电子荧幕等大众化传播媒介，采取生活化的宣传方式加深人民群众对多元解纷形式及本行政区域内一站式解纷平台的了解。可以利用政府部门的"四微一端"（微信、微博、微客、微视及移动客户端）发布纠纷化解相关法律法规、群众选择矛盾纠纷化解的申请程序以及本辖区内矛盾纠纷化解经典案例等，使人民群众了解如何通过矛盾纠纷化解机制化解纠纷以及这一机制的优势所在。其次，在宣传主体方面，各矛盾纠纷化解主体需真正落实"谁执法谁普法"责任制，加强对矛盾纠纷化解工作的宣传，引导群众以理性合法方式表达利益诉求、解决利益纠纷、维护合法权益[①]。地方各区党委政府应从提升基层治理法治化水平的方向着手，整体规划、统筹安排矛盾纠纷多元化解机制的宣传工作。司法行政部门应以普法和送教下基层等活动为依托，以调解工作室、个人品牌调解室为阵地，开展系列宣讲工作，积极向社会公众宣传讲解各种矛盾纠纷调解的相关知识。人民法院作为各种矛盾纠纷的聚集地，要注重"以案释法"，充分利用自身的公信力影响扩大宣传。通过一系列宣传措施营造矛盾纠纷化解方式多元的良好法

---

① 张旭东等：《矛盾纠纷多元化解机制研究——以基层法院构建市域社会治理大格局为切入点》，《第十一届法治河北论坛论文集》。

治氛围，使人民群众遇到矛盾纠纷时能够找得到调解机构、搞得清化解途径、解得了矛盾纠纷。

（三）创新发展联动机制，突出良好工作机制在矛盾纠纷多元化解机制中的基础作用

矛盾纠纷化解工作要取得良好的效果，不能只靠人民法院"单打独斗"，而是要整合多个部门、多类主体力量，明确各方职责，创新发展协调联动机制，共同促进矛盾纠纷多元化解机制的建设，使得解纷多元主体各就其位、各尽其责、有效衔接、相互配合，努力为群众提供高效、便捷的一站式解纷服务。具体而言，要创新发展各区、街镇、村社和网格四级协调联动工作机制。一是要完善矛盾纠纷化解中心内部工作机制，加快矛盾纠纷化解的区级协调联动。这就要求基层法庭、劳动仲裁以及负有调解职能的行政部门、专业性调解组织进驻中心进行集中办公，分设矛盾纠纷化解、公共法律服务和心理咨询服务等多个功能区，设立矛盾纠纷受理、法律咨询、诉调对接等窗口，通过登记受理、分流调处和回访等环节对于辖区内各类矛盾纠纷全部实行闭环式管理和全链条化解。二是要以各区街道（乡镇）综治平台为依托，设置矛盾纠纷化解接待窗口，开设调解工作室，通过对矛盾纠纷提前介入，就地调解等方式，及时化解矛盾纠纷。三是依托各村（社区）品牌调解室、法官工作站等阵地，由富有丰富调解经验的法官、人民调解员等轮流入驻办公，协助做好矛盾纠纷的预防和化解工作。四是发挥"全科网格"的精细化治理作用，借助网格员开展基层矛盾纠纷的排查、预警和化解工作。对于发现的一般性矛盾纠纷采取就近就地化解，对于复杂性矛盾纠纷及时通过综治信息平台上报至矛盾纠纷多元化解中心协调解决。通过四级协调联动的工作机制，更有助于矛盾纠纷多元化解工作全方位开展，做到实际性运转、取得实质化效果。

（四）形成政府主导、社会参与合作共治结合的矛盾纠纷多元化解新格局

在政府的规范和引导下吸引多方社会力量参与矛盾纠纷预防和化解工作，是从传统矛盾纠纷化解模式转向构建新型多元化纠纷解决格局的关键一环，也是实现市域社会治理现代化的重要举措。一是要畅通工会、妇联、残联、工商联等团体组织以及行业协会、商会等其他社会组织参与矛盾纠纷化解的渠道，引入上述机构人员进驻矛盾纠纷化解中心直接参与矛盾纠纷化解工作，提供解纷指引。二是要发挥基层群众自治组织的作用，推进社区（村）协商制度规范化、程序化，采取联席会议、座谈会、决策听证会等形式进行协商，有效预防和化解矛盾。三是要拓宽基层网格员、品牌调解室、"五老"调解队、律师、乡贤等参与矛盾纠纷化解的渠道，充分发挥群防群治力量，切实解决群众身边的矛盾问题①。

（五）强化人员、科技、经费等基础性保障，突出保障措施在矛盾纠纷多元化解机制中的支撑性作用

1. 加强专业人才培养，充实多元调解和诉调对接人才队伍。当前我国经济社会发展正处于快速转型期，社会矛盾纠纷呈现出"主体多元化、类型多样化、诉求复杂化"的新特点、新趋势，对矛盾纠纷多元化解机制的专业化要求也进一步提高。这就需要加大对专业人才的培养力度，多方面充实多元调解和诉调对接人才队伍，不断提升矛盾纠纷多元化解机制的专业化水平。一是要不断优化人民调解队伍结构。一方面完善调解员准入制度，探索建立统一的调解员名册，明确调解员的入册资质标准、分级管理规范和绩效考核体系；另一方面可以通过政府购买服务的方式选聘律师、退休法官、司法行政干警、基层法律服务工作者担任人民调解员，不断壮大调解和诉调对接人

---

① 田阳、邱月英：《社会力量参与市域社会治理现代化创新机制研究——以崇明人民调解工作为视角》，《上海法学研究》2021年第15卷。

才队伍力量[①]。二是探索建立专业、行业性调解"专家库"。推广探索建立"调解+保险"商事纠纷化解、民营企业纠纷调解等机制成功经验，建立行业矛盾纠纷调解专家库，为各类矛盾纠纷化解工作的开展提供智力支撑。三是加大培养力度，提升人才队伍专业化水平。一方面，定期开展培训，由人民法院等有关部门对司法确认程序、诉调对接流程等方面进行业务指导，帮助调解员增强业务知识，进一步提升调解能力；另一方面，要不断提升作为基层治理"神经末梢"的网格员队伍的综合素质，依托"政法大讲堂"专题培训、每周集中培训等方式，明确主要工作职责，不断提升排查风险隐患和化解矛盾纠纷的能力和水平。

2. 加强科技支撑，为构建多元化解矛盾纠纷新格局提供"智治"力量。党的十九届四中全会明确指出，要加强和创新社会治理，完善以科技为支撑的社会治理体系。矛盾多元纠纷化解机制作为构建"五治融合"的社会治理新格局的重要力量，必然需要"智治"力量支撑。这就需要不断完善智慧城市建设，坚持数字赋能，为矛盾纠纷多元化解工作提供强大的科技力量支撑。一是以省级综治信息系统、综治视联网、"雪亮工程"为基础研发纵向贯通、横向联动、资源共享的矛盾纠纷多元化解信息系统，搭建起矛盾纠纷多元化解工作的"大脑中枢"。二是以矛盾纠纷多元化解信息系统为依托，与综治中心、政务中心、信访维稳、数字城管等平台对接整合，完善矛盾纠纷化解跨部门、跨平台的功能模块，弥补传统治理模式存在的数据割据不足，打造系统整合、数据互通、资源共享的矛盾纠纷化解"信息仓"。三是利用矛盾纠纷多元化解信息系统效能，打造线上线下一体化解矛盾纠纷的智能解纷平台。平台依托5G、大数据等信息技术，展开远程调解、远程开庭、远程仲裁等"线上服务"，充分实现矛盾纠纷"一网通办""一站化解"，此举有利于后

---

① 聂影、辛忠波:《社会力量参与矛盾纠纷化解工作的路径选择与发展思考》,《人民调解》2018年第8期。

疫情时代更加便捷高效地化解各类矛盾纠纷[①]。

3. 落实经费保障。各级人民政府财政部门在编制年度财政预算时，需合理安排各行政机关依法履行矛盾纠纷化解职能所需的专门预算，保障多元解纷平台建设及工作开展所需经费，并根据本行政区域内矛盾纠纷化解工作的开展情况酌情逐步加大投入。同时，可以积极探索政府购买服务和社会公益相结合的方式[②]；针对公益性质的调解，根据调解类型的不同由政府购买相应服务或给予补贴；针对当事人委托的调解，须明确收费标准和要求，合理确定调解员的报酬。建立矛盾纠纷化解相关基金，鼓励社会各界为公益性纠纷解决服务提供捐赠或资助，真正提升多元解纷的实效。

第四节 基层社会治理网格管理法治化

一、网格化服务管理

网格是市域社会治理的最基本单元和"神经末梢"。党的十八届三中全会审议通过的《中共中央关于全面深化改革若干重大问题的决定》提出了要改进社会治理方式，创新社会治理体制，以网格化管理、社会化服务为方向，健全基层综合服务管理平台。随着信息化技术的发展，作为一种新型社会治理模式的网格化管理越来越凸显其优势。党的十九届四中全会提出要健全社区管理和服务机制，推行网格化管理，夯实基层社会治理基础。网格化管理是现代社会治理的重要手段，其以信息技术为抓手，以强化精细化管理为目标，有利于提前预知和防范化解社会矛盾和风险，为人民幸福生活提供更好、更优质的服务，是提升基层社会治理能力的重要形式。网格化管理是创新社

---

① 任建通：《疫情防控常态化背景下矛盾纠纷转型及化解机制研究》，《河北大学学报》（哲学社会科学版）第3期。
② 凌波：《市域社会治理现代化视角下多元解纷机制的完善——以江苏省苏州市为例》，《上海法学研究》2021年第14卷。

会管理的核心内容，是强化政府职责落实、改善人民群众的生活环境、维护社会和谐稳定的迫切需要和重要手段。

二、全科网格化服务管理

全科网格是社会治理向基层进一步延伸的触角，是现代基层社会治理的一种重要的创新方式。新形势下，全科网格服务管理要发挥治理优势，实现"管理全覆盖、要素全掌握、风险全排查"，推动基层治理现代化。

（一）全科网格服务管理的基本内涵

全科网格服务管理工作是以综治网格为基础，将各级职能部门在基层设置的多个网格根据属地管辖、地理布局、管理现状等内容整合为一个综合性网格，统筹网格内党的建设、社会保障、综合治理、应急管理等工作，实现"多网合一"的全方位管理，是以网格管理为基础、以科技信息为支撑、以社会治安综合治理中心为平台、以联动机制为保障、以高效便民为目标，将城乡网格打造成排查安全隐患、化解矛盾纠纷、宣传政策法规、服务人民群众的前沿阵地。

目前全国部分地区开始探索以"全科网格"化服务管理开展基层城乡治理工作，并取得了一定的经验。2019年中共中央办公厅、国务院办公厅印发了《关于推进基层整合审批服务执法力量的实施意见》，健全完善了基层网格化管理体系的工作和任务，《意见》要求"将上级部门在基层设置的多个网格整合为一个综合网格，依托村（社区）合理划分基本网格单元，统筹网格内党的建设、社会保障、综合治理、应急管理、社会救助等工作，实现'多网合一'"；要"推进网格化服务管理标准化建设，提高网格管理规范化精细化水平。"这些要求充分说明了基层社会治理要根据当地的实际，有效发挥网格化管理的优势，全方位加强全科网格服务管理，通过系统治理、源头治理、专项治理、综合治理加强基层政权建设，筑牢党的执政根基，维护国家的长治久安。

（二）全科网格服务管理工作的意义

1. 全科网格服务管理有助于强化党建引领这一社会治理现代化重要着力点的作用发挥。抓好基层党组织建设是实践和发展"枫桥经验"的组织基础，全科网格服务管理，在实现全要素覆盖的前提下，构建"党建+全科网格"模式，推进基层党组织主动跟进全科网格建设，真正做到党组织"一呼百应"的引领作用。通过全科网格员工作为抓手，科学整合、做实网格、能够全面下沉公共管理服务事项，把党建工作触角延伸到社会治理的微单元，充分发挥党组织的战斗堡垒作用和党员的先锋模范作用，巩固和提升驻区单位、"两新"组织、社区和在职党员的主体地位，发挥党员先锋模范作用，助推服务群众的精准化和社会治理的精细化，更好落实党对基层社会治理的全面领导。

2. 全科网格服务管理是完善社会治理体系、推进基层治理现代化的重要抓手。"全科网格"是网格化服务管理的升级版，它是一项强基础、保稳定、促发展的底线工程，也是一项顺民意、增福祉、促和谐的民心工程。"上面千条线，下有一张网"，全科网格疏通了社会治理的神经末梢，大事全面联动，小事一格办理，真正把党的方针、政策及时落实到群众中去，让群众的诉求及时得到处理，用优质的服务架起党同人民群众之间的连心桥，通过为群众办实事、办好事，让人民群众切实感受到党和政府的关怀，从而促进社会的平安、稳定、和谐，真正打通服务群众的最后一公里，推动基层治理现代化。

3. 全科网格服务管理有助于达到能够主动发现问题，及时处理问题，加强政府对社会的管理能力和处理效率，将问题解决在居民群众投诉之前。全科网格员机制改变了过去各专项工作负责人员"各管一摊"的工作模式，从单一职能向一岗多责转变，依托全科网格员制度，鞴能形成基层社会治理全覆盖、无死角，变被动解决问题为主动发现问题，让问题得到及时处理，集中力量打通基层社会治理的堵点、难点、痛点，让地区居民切实感受到社会治理创新带来的便利和实惠。

（三）加强网格化法治管理提升基层社会治理能力

随着网格化管理的不断强化，提升基层社会治理能力也不断创新形式，全国各地都不同形式地形成了各具特色的地方经验。但是在实践中由于缺乏自上而下的统一的规范指引，目前许多地方的网格化管理还是处于根据本地需求自定政策，大多是以红头文件的形式发布相关规定，缺乏与相关法律法规的衔接，难以规范地、全面地、有效地解决各类矛盾纠纷，网格化管理长效机制的建立也有一定的难度。网格化管理也基本偏重矛盾纠纷解决，风险预防机制的建构缺乏，还停留在应对性解决问题的阶段，导致在网格化管理过程中难以真正做到精细化管理和服务。

党的二十大报告在完善社会治理体系，建设人人有责、人人尽责、人人享有的社会治理共同体的内容中明确指出："完善网格化管理、精细化服务、信息化支撑的基层治理平台，健全城乡社区治理体系，及时把矛盾纠纷化解在基层、化解在萌芽状态。"在当前推行全面依法治国、建设法治国家和法治社会的背景下，现行网格化管理的地方实践要依法规范，要在管理过程中确立法治思维和法治方式，全面提升社会治理能力。

1. 强化法治方式化解社会矛盾纠纷的理念。长期以来形成了"找官不找法""信访不信法"的思想，使得一些群众遇到矛盾纠纷通常选择上访而不是选择法治途径解决。网格化法治管理则要求地方政府和领导要进一步增强法治理念，坚持通过法治手段化解社会矛盾纠纷。随着我国民法典的颁布实施，对民法典的学习和宣传教育，成为法治社会建设的一项重要任务。地方政府应以民法典的宣传实施为抓手推进网格化法治管理，加强网格员学法用法的能力，要用法治理念和法治方式解决矛盾纠纷，引导群众信法、找法，通过法律渠道解决矛盾纠纷，逐渐提高群众的法律意识。

2. 确立网格化法治管理统一化规范化。对网格化管理实行统一规范，指引各地对不同情形的社会风险和矛盾进行类型化管理，就是要根据利益类型将矛盾纠纷分为涉及公共利益和涉及私人利益两种类型。鉴于公共利益的管理主体主要包括行政机关、一些特殊社会组织和检察监督机关，涉及公共利益的矛盾纠纷可以运用"网格+检察"的模式由检察机关作为公共利益代表监督行政机关积极行政，维护公共利益。私人利益维护一般由公民个人进行私力救济，针对百姓日常生活中的矛盾纠纷，可以把调解作为矛盾化解的重要形式，确立"网格+调解"的网格化法治管理模式。

基层社会治理要符合合法性治理。"所有的国家行为都要符合法律的要求"。基层网格化治理要坚持法治化取向，建立负面清单等规范制度，保证程序正当性，制约与监督权力行使，防止权力扩张与滥用，即便是出于良善的目的，也不能以违法的方式进行。只有符合合法性导向，基层网格化治理才能真正发挥有效作用，促进城乡社区和谐与社会公平正义。

3．健全法治化的网格管理协同联动机制。网格化管理涉及多部门的协调联动，确立法治化的协调联动机制，真正达到网格管理的目的是有效调动相关部门积极性和责任心的重要任务。分区域确立统一权威的网格法治化管理领导机构，统筹领导基层社会治理法治建设，进行网格化法治管理。按照属地管理、分级负责、责任到人的原则，健全相关的联动机制和问责机制。要克服政府中心主义，拓宽民众公众参与渠道，通过赋权赋能构建多元主体治理新格局，打造合作伙伴的基层治理秩序；要落实网格化党建，推进网格化治理与基层党建设相结合，探索"党建+网格化"治理模式，建立"网格"+"网络"的平台机制。

4．建立完善的基层治理法律风险管理体系。"风险社会"这一概念是在1986年由德国社会学家乌尔里希·贝克在其著作《风险社会》中提出的。提出了在发达的现代社会中，财富的社会生产系统伴随着风险的社会产生。而且在现代化进程中，也有越来越多的破坏力量被释放出来，即使人类的想象力也为之不知所措[①]。根据贝克的风险社会理论，风险社会的形成根本原因在于工业社会的转型及现代化的不断推进。

进入新时代，经过改革开放四十多年，我国社会财富大幅增长，人民群

---

① 〔德〕乌尔里希.贝克：《风险社会》，何博闻译，译林出版社2004年版第15、17页。

众物质生活水平得到极大提高，发展成就举世瞩目，但与此同时也不可否认我国社会的高速现代化发展也将我们带入了一个"风险社会"①，应该指出的是我国的风险管理的重点在基层。在不断推进现代化建设过程中，各种利益群体之间的矛盾也将日益突出。面对社会矛盾纠纷主体多元化、利益诉求复杂化、纠纷类型多样化的现状，网格化基层治理应当以风险预防、加强事前矛盾化解为理念进行相关制度和政策的建构。利用网格的信息反馈综合、及时的特性，第一时间掌握和处理各种风险和矛盾信息，做到风险和矛盾及时化解。

第五节　现代公共法律服务体系

一、现代公共法律服务理论是习近平法治思想的重要组成部分

公共法律服务是我国政府公共职能的重要组成部分，是全面依法治国的基础性、服务性和保障性工作，是保障和改善民生的重要举措②。党的十八大以来，随着全面依法治国实践的不断深入，建设人民满意的公共法律服务体系成为党中央、国务院高度重视的工作。2019年，中共中央办公厅、国务院办公厅印发的《关于加快推进公共法律服务体系建设的意见》提出到2022年基本形成覆盖城乡、便捷高效、均等普惠的现代公共法律服务体系。习近平总书记强调："要紧紧围绕经济社会发展的实际需要，努力做好公共法律服务体系建设。"强调要加快建设覆盖城乡、便捷高效、均等普惠的现代公共法律服务体系，统筹研究律师、公证、法律援助、司法鉴定、调解、仲裁等工作改革方案，加快发展律师、公证、司法鉴定、仲裁、调解等法律服务队伍，整合法律服务资源，尽快建成覆盖全业务、全时空的法律服务网络，让

---

① 郑永年、黄彦杰：《风险时代的中国社会》，《文化纵横》2012年第5期。
② 中共中央办公厅、国务院办公厅：《关于加快推进公共法律服务体系建设的意见》，2019年，中办发〔2019〕44号。

人民群众切实感受到法律服务更加便捷。党的十九届四中全会提出，加大全民普法工作力度，增强全民法治观念，完善公共法律服务体系，夯实依法治国群众基础。2019年6月，中办、国办印发《关于加快推进公共法律服务体系建设的意见》，明确提出建设现代公共法律服务体系的指导思想、基本原则、主要目标、重要举措和保障措施。2020年，中共中央印发《法治社会建设实施纲要（2020—2025年）》，提出到2022年基本形成覆盖城乡、便捷高效、均等普惠的现代公共法律服务体系，保证人民群众获得及时有效的法律帮助。2021年，司法部编制印发了《全国公共法律服务体系建设规划（2021—2025年）》，针对"十四五"时期公共法律服务工作面临的新形势，对总体要求及主要目标做出了具体安排。2022年，司法部将基本形成覆盖城乡、便捷高效、均等普惠的现代公共法律服务体系作为重点工作加快推进。2022年10月，党的二十大报告在加快建设法治社会中，对建设覆盖城乡的现代公共法律服务体系做了重要的部署。进入新时代，人民群众对公共法律服务工作提出了新的更高的要求。

中国特色社会主义现代公共法律服务的概念、理论和模式根植于当代中国社会治理实践，这一体现中国当代法治文明的重要法治理论是伴随着全面依法治国理论论述和法治体系建设实践不断 发展完善的。自党的十八届四中全会首次在中央全会文件中正式提出"公共法律服务"概念和体系建设以来，公共法律服务这一现代社会治理模式新概念的提出，经过中国近十年的社会治理实践和改革试验，已经逐渐发展成为中国特色社会主义法治化建设进程中具有鲜明时代特色和本土资源特色的重要基层社会治理模式。

公共法律服务是指由政府主导，司法行政部门统筹提供，旨在保障公民基本权利，维护人民群众合法权益，实现社会公平正义和保障人民安居乐业所必需的法律服务。面对百年未有之大变局，面对复杂多变的国际国内局势和传统文化与现代文明的冲突，我们的现代法治文明应当在中国特色社会主义道路选择的社会治理实践理性基础之上建构。中国特色社会主义现代公共服务体系建设正在逐渐发展成为当代中国社会文明的载体，独具中国特色的社会主义现代化公共法律服务概念、理论和模式，也应当发展成为中国式现代化社会治理体系的法治文明。

公共法律服务理论作为习近平法治思想的重要组成部分，在中国基层社会治理的改革实践中历经了公共法律服务概念提出、模式初创、品牌创立、向度凝练、制度形成、理论框架建构、理论形成的发展过程。习近平总书记的系列重要讲话、指示批示、重要刊物发文均对公共法律服务体系建设明确做出过一系列的重要论述和阐释，习近平法治思想中的公共法律服务理论是在当代中国基层社会治理的探索实践中逐渐形成的完整的基层政权建设法治理论。

二、现代公共法律服务体系的特征

对于"公共法律服务"这一法治概念，世界上目前尚未有其他法系或法域明确提出，在英美法系现行的公共服务和法律援助制度等内容，其概念范畴和实质内涵比我国的公共法律服务概念狭窄很多。因此，"公共法律服务"本身就是一个具有中国特色的法治文化品牌，这一当代中国社会特有的基层社会治理模式发展的重心，就在于多元中心主体协同创新和"全业务、全时空"的一体化协同发展。设立公共法律服务中心的实际作用就是实现基层社会治理的现代化，用多元化纠纷解决机制建构立体解纷渠道，用更加经济的成本和投入高效便捷妥善地解决基层社会矛盾纠纷[①]。

（一）公共法律服务体系建设坚持以人民为中心的核心理念

党的二十大报告中指出："江山就是人民，人民就是江山。中国共产党领导人民打江山、守江山，守的是人民的心。治国有常，利民为本。为民造福是立党为公、执政为民的本质要求。必须坚持在发展中保障和改善民生，鼓励共同奋斗创造美好生活，不断实现人民对美好生活的向往。我们要实现好、维护好、发展好最广大人民根本利益，紧紧抓住人民最关心最直接最现实的

---

① 杨凯：《习近平法治思想中的公共法律服务理论》，《东方法学》2022年11月4日版。

利益问题，坚持尽力而为、量力而行，深入群众、深入基层，采取更多惠民生、暖民心举措，着力解决好人民群众急难愁盼问题，健全基本公共服务体系，提高公共服务水平，增强均衡性和可及性，扎实推进共同富裕。"习近平总书记指出："要完善共建共治共享的社会治理制度，实现政府治理同社会调解、居民自治良性互动，建设人人有责、人人尽责、人人享有的社会治理共同体。要加强和创新基层社会治理，使每个社会细胞都健康活跃，将矛盾纠纷化解在基层，将和谐稳定创建在基层。要更加注重维护社会公平正义，促进人的全面发展和社会全面进步"①。现代公共法律服务体系必须坚持以人民为中心、体现公平正义，这是现代公共法律服务的核心要义，也是建设中国式现代化国家的必然要求。它需要国家和政府通过制度设置和产品提供，便捷高效、智能精准、最大限度地满足人民群众对法律服务的需求；促进基本公共法律服务普惠化、均等化。中国特色社会主义进入了新时代，人民群众对于法律服务的需求达到前所未有的程度，为人民群众提供的法律服务必须是实体正义和程序正义的高度统一，应让人民群众在接受法律服务的过程中充分感受到公平正义。因此，我国公共法律服务体系的建设需要以现代性作为指向，适应现代化的要求，以推动公共法律服务事业的创新发展。现代公共法律服务就是运用法治的力量守好人民群众的心。

（二）公共法律服务的供给模式呈现为多元供给和社会参与

提供公共法律服务是一项国家义务，国家是公共法律服务的责任主体，其通过行使公共权力，提供公共配给来维护和促进公共利益。因此，政府统筹和管理的法律服务必然具有公共性。公共法律服务供给模式除了遵循中西方国家公共法律服务的共同特征，即政府服务和市场提供之外，还会有多元供给和社会参与模式。当代中国的基层社会治理法治体系之建构，需要合理吸收中华优秀传统法律文化和中国法理政府、社会组织以及专业机构，应该

---

① 习近平：《以共建共治共享拓展社会发展新局面》，《习近平谈治国理政》（第四卷），外文出版社2022年版，第338页。

根据各自优势和不同阶段的要求进行分工协作。无论是司法所、人民法庭，还是律师事务所、法律援助机构、公证处等，这些机构和组织都掌握着公共法律服务的各种资源，并通过这些资源的供给，满足群众的法律需求。因此，本质上公共法律服务体系的构建是不同社会资源的整合和重组。这些不同组织在公共法律服务的供给中有其自身优势和独特作用，且都对其他主体所掌握的法律资源存在一定的依赖性。这种依赖性本质上是一种共生性的相互依赖。只有不断优化法律资源的配置机制和方式，实现公共法律服务供给主体的多元化，发挥各自职能优势，并在保持自身独立性的基础上形成合作共治的公共法律服务网络，才能真正让更多的人平等享受法治社会建设的红利，促进公共法律服务健康发展。

（三）公共法律服务体系传承了中华传统文化中的共享理念

现代公共法律服务体系建设与儒家文化传统的共享理念是一脉相承的，"共享理念实质就是坚持以人民为中心的发展思想，体现的是逐步实现共同富裕的要求"[①]。

全面依法治国最广泛、最深厚的基础是人民，必须把体现人民利益、反映人民愿望、维护人民权益、增进人民福祉落实到全面依法治国各领域全过程。随着时代发展和社会进步，人民对美好生活的向往更加强烈，对民主、法治、公平、正义、安全、环境等方面的要求日益增长。要加快建设覆盖城乡、便捷高效、均等普惠的现代公共法律服务体系，使我国公民不论经济条件好坏、社会地位高低都能获得必要的法律服务，保证人民群众在遇到法律问题或者权利受到侵害时获得及时有效法律帮助，有效满足人民群众日益增长的高品质、多元化法律服务需求，努力让人民群众有更多获得感、幸福感、安全感[②]。

---

① 习近平：《深入理解新发展理念》，《习近平谈治国理政》（第二卷），外文出版社2017年版，第214页。

② 习近平：《中共中央关于党的百年奋斗重大成就和历史经验的决议》。

（四）公共法律服务目标侧重公共性和公共服务的实际效果

公共法律服务是政府公共职能的重要组成部分，是保障和改善民生的重要举措，是全面依法治国的基础性、服务性和保障性工作。2021年司法部印发《全国公共法律服务体系建设规划（2021—2025年）》，明确"十四五"时期主要目标，为我国公共法律服务体系建设指明了方向。我国当代基层政权建设和社会治理制度建设不仅十分注重"公共性和公共服务"，而且更加注重公共性和公共服务的实际效果。

公共法律服务注重公共法律服务的均衡发展，强调要均衡配置城乡法律服务资源、加强欠发达地区公共法律服务建设，重点保障特殊群体合法权益，将进城务工人员、残疾人、老年人、青少年、妇女和军人军属、退役军人等作为公共法律服务的重点服务对象。公共法律服务服务于基层社会治理，注重基层治理的创新成效，创新新时代调解工作，推进矛盾多元化解，加强和规范村（居）法律顾问工作，强化司法所在社会治理中的基础性作用，使得公共法律服务扎根基层、贴近百姓，有助于基层社会治理的提升，服务于我国国家治理体系和治理能力的现代化。与此同时，公共法律服务还服务于经济高质量发展，健全法律顾问和公职律师、公司律师制度，营造法治化营商环境，服务国家重大战略，推动建设一流法律服务高地。

三、建设覆盖城乡现代公共法律服务体系，推动基层社会治理法治化水平

党的二十大报告指出："法治社会是构筑法治国家的基础"，要"建设覆盖城乡的现代公共法律服务体系"。公共法律服务是政府公共职能的重要组成部分，是保障和改善民生的重要举措，是全面依法治国的基础性、服务性和保障性工作。公共法律服务是由党委领导、政府主导、社会参与，为满足各类主体在社会公共生活中日益增长的法律服务需求而提供的公共法律服务设施、服务产品、服务活动以及其他相关法律服务。根据《司法部关于推进公共法律服务体系建设的意见》第一条规定：公共法律服务，是指由司法行政

机关统筹提供，旨在保障公民基本权利，维护人民群众合法权益，实现社会公平正义和保障人民安居乐业所必需的法律服务，是公共服务的重要组成部分。具体包括：为全民提供法律知识普及教育和法治文化活动；为经济困难和特殊案件当事人提供法律援助；开展公益性法律顾问、法律咨询、辩护、代理、公证、司法鉴定等法律服务；预防和化解民间纠纷的人民调解活动等。

建设覆盖城乡、便捷高效、均等普惠的现代公共法律服务体系，有利于贯彻法律面前一律平等的宪法原则，使我国公民不论经济条件好坏、社会地位高低都能获得必要的法律服务；有利于促进社会公平正义，保证人民群众在遇到法律问题或者权利受到侵害时获得及时有效法律帮助。要推进基本公共法律服务均衡发展，保障困难群体、特殊群众的基本公共法律服务权益；加快律师、公证、仲裁、司法鉴定等行业改革发展，完善公共法律服务管理体制和工作机制，推进公共法律服务标准化、规范化、精准化，为群众提供有效便捷的公共法律服务。要构建公共法律服务评价指标体系，以群众满意度来检验公共法律服务工作成效。

（一）坚持和加强党对公共法律服务工作的全面领导

1. 坚决维护党中央权威和集中统一领导。各级司法行政机关和各级各类法律服务机构的党组织要深刻领悟"两个确立"的决定性意义，增强"四个意识"、坚定"四个自信"、做到"两个维护"，始终在政治立场、政治方向、政治原则、政治道路上同以习近平同志为核心的党中央保持高度一致。健全党领导法律服务工作的制度和工作机制，实现党对公共法律服务全过程全方位的领导，确保党中央决策部署在法律服务行业得到不折不扣贯彻落实。

2. 大力加强法律服务行业党的建设。认真贯彻落实新时代党的建设总要求，全面加强律师、公证、司法鉴定、仲裁、法律援助、基层法律服务、人民调解等行业党的建设，实现党的组织和党的工作有效覆盖，确保党在各组织中发挥领导作用。加强法律服务行业基层党组织建设，遵循行业特点、规律，适应发展趋势，创新体制机制，改进工作方式，以提升组织力为重点，突出政治功能。充分发挥基层党组织战斗堡垒作用和党员先锋模范作用。习近平总书记在十九届中央纪委四次会议上指出："要督促落实全面从严治党主体责任，切实解决基层党的领导和监督虚化、弱化问题，把负责、守责、尽责体现在每个党组织、每个岗位上。"[①]要教育引导法律服务工作者坚持正确政治方向，拥护中国共产党的领导，拥护我国社会主义法治，依法依规诚信执业，认真履行社会责任，满腔热忱投入社会主义法治国家建设。

（二）构建公共法律服务多元化规范体系

1. 服务主体的多元：提升公共法律服务精准化水平。公共法律服务作为公共服务的重要组成部分，因服务的对象和内容的复杂性、多样性，决定了提供服务主体必须是多元的。包括有律师、公证、调解、仲裁等多部门参与，其中律师以及基层法律工作者职业占有很大的比重。因此多元的公共法律服务体系构建是新时代加强公共法律服务，更好地为现代化建设提供扎实基础的必要要求。

首先，健全法律顾问和公职律师、公司律师制度。推动县级以上各级党政机关普遍建立以内部法律顾问为主体、外聘法律顾问为补充的法律顾问队伍，实现县级以上党政机关公职律师工作全覆盖。加强法律顾问和公职律师管理和使用，健全党政机关法律顾问选聘备案机制。完善法律顾问、公职律师在重大决策中发挥积极作用的机制，提高决策法治化水平，提高政府依法行政能力水平。

其次，健全完善律师辩护代理制度。规范律师辩护代理行为，提高刑事辩护代理质量，充分发挥辩护律师在刑事案件审判中的重要作用。健全律师执业权利保障机制，保障律师依法行使辩护权、代理权。律师会见权、阅卷权、调查取证权等得到充分保障，办案机关听取律师辩护代理意见的制度机制进一步健全。同时做好刑事法律援助工作，提高法律援助服务质量，增强

[①] 《一以贯之全面从严治党强化对权力运行的制约和监督，为决胜全面建成小康社会决战脱贫攻坚提供坚强保障》，《光明日报》2020年1月14日。

法律援助窗口服务能力，深入推进刑事案件律师辩护全覆盖，完善通知辩护案件指派工作机制，积极发挥律师在落实认罪认罚从宽制度中的作用，保障犯罪嫌疑人、被告人合法权益。建立信息公开制度，定期向社会公布法律援助资金使用、案件办理、质量考核结果等情况，接受社会监督。

第三，落实公证体制机制改革有关政策，坚持公证非营利性、公益性基本属性，对密切关系民生的公证服务事项，实行清单化管理，推动纳入基本公共服务体系，给予经费保障和资金支持。市场性、竞争性的公证服务事项实行市场定价，服务价格协商确定，充分发挥市场作用。深化公证参与司法辅助事务，完善公证参与调解、取证、送达、保全、执行等司法活动的程序规则。健全完善线上办理公证债权文书赋予强制执行效力的规定，优化与人民法院执行程序的衔接，提高执行效率。加强对公证机构和公证从业人员监督管理，发挥"两结合"管理体制效能，落实公证投诉处理办法，提高公证质量和公信力。

第四，支持社会力量参与。支持大专院校、企事业单位、公益基金和其他社会组织参与公共法律服务，支持法律科技企业研发实用的公共法律服务产品。完善法律服务志愿者相关政策措施，扩大中国法律援助基金会筹资渠道，提高基金使用效益。支持慈善组织通过多种形式参与公共法律服务事业。

2. 服务内容的多元：实现公共法律服务的均衡发展。公共法律服务的宗旨是通过提供法律服务以保障公民基本权利、维护人民群众合法权益，实现社会公平正义和保障人民安居乐业。服务的内容呈现多元化，包括有为全民提供法律知识普及教育和法治文化活动；为经济困难和特殊案件当事人提供法律援助；开展公益性法律顾问、法律咨询、辩护、代理、公证、司法鉴定等法律服务；预防和化解民间纠纷的人民调解活动等。多元的服务内容，使得在服务过程中需在不同的区域、针对不同群体的需求，进行法律服务资源的合理配置、均衡发展。

首先，要全面建立政府保障的基本公共法律服务、政府定价的非基本公共法律服务、市场化公共法律服务、社会公益性质公共法律服务四大领域的服务衔接与协同发展机制①。全面完善城乡均衡、区域均衡的公共法律服务均等化机制，促进公共法律服务要素和资源合理流动。将公共法律服务平台建设有机融入、适时嵌入本地区政府公共服务建设中，共建共享相关基础设施和政务资源。提高公共法律服务的知晓率和首选率，扩大公共法律服务的边际效应和聚集效应。

其次，均衡配置城乡法律服务资源。围绕服务乡村振兴战略，按照产业兴旺、生态宜居、乡风文明、治理有效、生活富裕的乡村振兴战略总要求，深入实施"乡村振兴 法治同行"专项活动，深化法治乡村（社区）建设，深入开展"民主法治示范村（社区）"创建，加强动态管理。推进实施乡村"法律明白人"培养工程和农村学法用法示范户培育工程，教育引导农村广大干部群众办事依法、遇事找法、解决问题用法、化解矛盾靠法。依法有效拓展城镇法律服务资源向农村地区辐射的方式和途径，创新便民利民服务形式。

第三，全面实施"八五"普法规划。以习近平法治思想为引领，以持续提升公民法治素养为重点，深入宣传中国特色社会主义法律体系，突出宣传宪法、民法典，组织开展国家宪法日和"宪法宣传周"集中宣传活动，加强社会主义法治文化建设，传承中华法系优秀法律思想、理念和文化，把法治文化阵地建设纳入城乡规划，提供更多高质量法治文化产品。

3. 服务对象的多元：聚焦公共法律服务的重点领域。

首先，要加强欠发达地区公共法律服务建设。结合地区实际，制定支持公共法律服务体系建设方案举措。健全完善中西部边远地区法律援助机构设置，确保法律服务县域全覆盖。实施"云公共法律服务中心"建设项目，运用网络服务、远程视频服务模式，促进优质资源向欠发达地区辐射。推进"1+1"中国法律援助志愿者行动、"援藏律师服务团""同心·律师服务团"等志愿服务活动。

其次，对特殊群体合法权益要重点保障。将进城务工人员、残疾人、老

---

① 杨凯：《论现代公共法律服务多元化规范体系建构》，《法学》2022年第2期。

年人、青少年、妇女和军人军属、退役军人等作为公共法律服务的重点服务对象。加强对特殊群体的法治宣传，引导群众通过法律方式保护自身合法权益。律师协会、公证协会、司法鉴定协会制定完善公益服务制度，指导法律服务机构建立健全特殊群体减免服务费用制度机制，完善法律服务网无障碍功能。

第三，积极为促进经济高质量发展提供法律服务。围绕国家重大发展战略，鼓励和支持律师广泛参与重大工程、重大项目全过程，出具法律意见，为营造法治化营商环境提供全方位法律服务。围绕加强供给侧结构性改革，通过组织法律服务团、开展专项法律服务活动等，积极为加快建设制造强国、发展现代服务业等提供综合性法律服务。围绕实施创新驱动发展战略，鼓励律师、公证员认真做好商标、专利、版权等知识产权法律服务工作。围绕防范化解重大风险，健全企业法律顾问、公司律师制度机制，加强法律风险评估，把律师专业意见作为特定市场经济活动的必备法律文书。围绕污染防治，开展环境公益诉讼代理，进一步规范环境损害司法鉴定管理，提高鉴定质量和公信力，充分发挥司法鉴定在生态环境损害赔偿磋商和环境行政执法、环境资源审判等方面的证据支持作用[①]。

（三）科技赋能推进公共法律服务智慧化建设

加强政策激励引导，依托人工智能、5G通信、区块链等现代科技赋能多元化专业化公共法律服务建设，着力建立完善市域公共法律服务标准化规范机制，充分激活"标准化+"在提升公共法律服务品质中的引擎作用，以先进标准引领公共法律服务转型升级，着力解决公共法律服务各业务流程和标准不统一、条块分割等问题，实现协同协作、信息互通，推动公共法律服务由数量优势、规模优势向智能优势、质量优势升级转型。

第一，以法律服务平台和技术保障支撑实现公共法律服务多元功能的整合。

---

① 中共中央办公厅、国务院办公厅：《关于加快推进公共法律服务体系建设的意见》。

2018年，司法部发布了《关于深入推进公共法律服务平台建设的指导意见》，明确指出了公共法律服务平台建设是推进公共法律服务体系的一项基础性工作，并提出了推进公共法律服务平台建设的总体思路，指出："在全面建成实体，热线，网络三大平台的基础上，以便民、利民、惠民为目标，以融合发展为核心，以网络平台为统领，以信息技术为支撑，将实体平台的深度服务热线平台的方便快捷和网络平台的全时空性有效整合，推进三大平台服务、监管和保障的融合，形成优势互补、信息共享、协调顺畅的线上线下一体化公共法律服务平台"。司法部2021年12月22日审议通过了《全国公共法律服务体系建设规划（2021—2025年）》，在2035年远景目标中指出："到2035年，基本形成与法治国家、法治政府、法治社会基本建成目标相适应的现代公共法律服务体系"，"公共法律服务体系平台、热线平台、网络平台全面覆盖、融合发展有力有效，服务能力水平满足人民日益需求"，并提出了建成覆盖全业务、全时空的法律服务网络的具体要求。为此必须要加强法律服务网建设，持续推进"互联网+公共法律服务"，建立智能大数据分析研判的公共法律服务网络平台，提供及时、高效、权威的全面依法治国和司法行政法律法规规范性文件查询、法律服务机构人员数据信息查询、参照案例查询、司法行政和公共法律服务办事指引服务。完善法律服务网在线办事功能。

第二，完善三大平台管理体制，建立有效衔接机制，推进三大平台融合发展。

提升三大平台服务资源整合利用效率，综合考虑服务需求类型、需求提交时段、服务人员专业能力等因素优化资源配置和管理。建立公共法律服务工单管理系统，健全完善"综合受理、统筹分配、分类处理"服务流程，实现服务需求信息在三大平台和法律服务机构有效流转。坚持网络统领，发挥信息技术优势，实现三大平台服务数据信息有效汇聚，强化数据分析结果运用。到2025年，公共法律服务三大平台全面覆盖、互联互通，基本实现"一端发起　三台响应"的三台融合建设目标，平台作用充分发挥，人民群众的公共法律服务需求得到更好满足。

第三，大力发展公共法律服务领域科技创新支撑技术，推进"智慧法律服务"。

推进智慧法律服务重点实验室建设，重点突破精准普法宣传、法律援助智能保障、律师执业保障与执业监管、线上公证、社会矛盾纠纷排查与预警等关键技术，建立公民法律服务电子档案，探索区块链技术在公共法律服务领域的应用，提高法律服务智能化水平。完善法律职业资格管理系统和法律职业资格考试信息管理系统，试点建设非诉解纷联动平台。提高在线服务能力水平，逐步建立主动服务、精准服务机制，推进公共法律服务向移动服务、随身服务方向发展。

（四）加强公共法律服务人才队伍建设

现代公共法律服务的整合提升，离不开高素质专业化人才队伍的培养与充实。目前我国公共法律服务队伍存在专业化水平参差不齐、法律服务有效供给不足、整体规模有限等问题，其中最主要的原因是公共法律服务人才的短缺，特别是欠发达地区公共法律服务人才和涉外法律服务人才短缺的现象比较严重。此外，法律服务队伍的规范化建设也有待加强。公共法律服务人才培养计划是布局公共法律服务人才培养的蓝图，具有规划性和引领性。针对欠发达地区的法律服务人才严重短缺，涉外法律服务人才总体上不足，甚至在一些地区存在稀缺现象，很大程度上影响了欠发达地区法律服务的供给以及涉外法律服务的质效，有必要通过培养计划，加强对欠发达地区和涉外法律服务人才的培养，提高公共法律服务人才队伍的整体实力，有计划、有指向地根据需要培养公共法律服务人才，以满足国家和社会对公共法律服务人才的需求。

现代公共法律服务人才不仅需要具备扎实的法律专业知识，还需要具备很强的专业能力与职业道德素养，这就需要通过有计划、有针对性地定期培训来不断提升和强化。要通过律师执业的专业培训，加强对律师队伍的建设；制定人才定向委培机制，发挥高等院校和科研院所的作用，以解决人才资源分布不均衡以及专业化程度有限的问题。

　　加强法制队伍的规范化建设，就是要坚持以人民为中心，通过优质、高效、便捷的专业法律服务，保障人民权益，维护人民利益。坚持公平正义，法律面前人人平等，把维护社会公平正义作为公共法律服务的核心价值追求，客观公正，廉洁自律，这是我国加强法律服务队伍规划规范化建设的原则性要求。加强法律服务人员职业道德建设，健全职业行为规范，完善惩戒工作机构，加大失信行为惩戒力度，特别是要完善律师、公证员、仲裁员的诚信信息公示平台，及时依法将不良信息记录向社会披露，通过规范化建设，锻造一支适应新时代要求、德才兼备的高素质公共法律服务人才队伍，应为现代公共法律服务体系建设的重要任务。

第四章　推进新时代基层社会治理
法治化的实现路径

　　进入新时代，习近平总书记以其高瞻远瞩、审时度势的眼界，结合中国实际，提出了一系列关于社会治理的新思想，即改革与创新现代社会体制，将社会治理重心落在基层，全面提高社会治理的社会化、法治化、智能化和专业化水平，合力打造"共建共治共享"的社会治理新格局。作为国家治理体系和治理能力现代化的基础，完善基层社会治理显得尤为重要。国家治理的重点在基层、基础在基层，要通过基层打基础，把治理的重心下移到基层社会，"社区服务和管理能力强了，社会治理的基础就实了"，"必须把抓基层打基础作为长远之计和固本之策，丝毫不能放松。"

　　党的十八届三中全会提出，推进国家治理体系和治理能力现代化建设，从社会管理转变为社会治理，标志着国家层面已经重视法治对社会发展的保障作用，其中主要的区别在于治理主体的多元化，治理手段的多元化、治理层次的系统化。十八届四中全会中明确提出了"创新基层社会治理体系，调整社会治理方式。始终坚持依法治国，应用法治思维与法治方式来消除矛盾。"基层社会治理法治化是全面深化改革和推进全面依法治国的工作重点。新时代推进基层社会治理法治化，是深化依法治国实践的时代要求，是化解社会主要矛盾的重要抓手，也是推进基层社会治理现代化的根本保障。由于基层社会治理在社会治理中占至关重要的地位，应尽快提高基层社会治理的法治化水平，并有效提升国家治理能力。一般来说，社会治理是政府从社会管理阶段向更高层次服务转变的手段，治理目标不仅仅是稳定，还需要通过综合手段达到善治之目的。同时，在治理方法上，更应当注重政府和公民、社会组织等主体间的多元化互动、协同化治理，这种方式强调使用制度约束权力，将权力的运行应用在法治的轨道上，以实现治理手段的系统化、科学化和法治化。

第一节　坚持党建引领，夯实基层社会治理法治化根基

党政军民学，东西南北中，党是领导一切的。党的二十大报告深刻指出，"坚持大抓基层的鲜明导向，抓党建促乡村振兴，加强城市社区党建工作，推进以党建引领基层治理，持续整顿软弱涣散基层党组织，把基层党组织建设成为有效实现党的领导的坚强战斗堡垒。"基层治理现代化是国家治理体系和治理能力现代化的重要一环，党的领导为基层治理现代化指明方向并提供保障，实现了基层的充分政治动员并整合了基层资源。从新中国成立后高度组织化的基层治理模式，到改革开放后党领导下的基层自治，再到十八大以来的基层治理创新，党领导人民在基层治理实践中探索出了一大批先进的经验。

随着社会发展进程不断推进，基层社会治理体系日趋复杂，既有涉及基层社会治理关键的方向性问题，也有诸多具体事务性问题。基层一线作为社会治理的神经末梢，在发挥网格治理、落实上级政策、服务群众民生、化解矛盾纠纷等方面起着重要作用。各项政策、工作在此落地生根、落实落细，其烦琐的工作特性为治理带来了极大的挑战性。为此，新形势下，基层社会治理必须在党的领导下进行，需要突出基层党组织建设在社会治理中的引领作用，充分发挥基层党建的载体功能，确保基层社会治理的正确方向、整体规划和统筹协调。党建对基层社会治理发挥引领作用，应体现在方向性问题上。方向性问题决定着治理道路的选择，直接影响治理的成效，在方向性问题决策上，党组织必须起到核心作用，把好方向、掌好舵。总之，要推进基层治理法治化、规范化，完善基层治理体系和治理能力，必须坚持党的领导，

确保基层治理正确的现代化方向，推动基层党组织引领基层治理现代化，发挥多元主体力量、共同参与基层治理，才能在纷繁复杂的矛盾中，把准工作的方向，保持政治定力。

一、加强基层党组织自身建设

（一）加强对党和基层党组织的政治建设

切实增强基层党组织对基层民主的政治领导力。要把党的政治建设摆在首位。讲政治关乎我们党的国家发展政策是否能够顺利地下沉下落到基层，也关乎基层民主是否能得以实现。要切实抓好基层党组织的政治建设，需要坚定理想信念。理想信念是我党不断发展壮大的"密码"。基层各级党组织从一个开始就把扣好人生第一颗扣子，把自己奉献于社会主义事业、扎根于基层一线、始终把广大基层群众放在心上、把社会主义责任担当扛在肩上，充分发挥党员在基层群众自治工作中的政治引领核心和带头作用。

（二）加强对基层党组织的组织建设

首先，加大宣传力度，吸纳新鲜"血液"，为基层党组织提供接连不断的后备军。在村民自治中，出现"空心村"，基层党员队伍结构"老化"等现象，最重要的措施就是为基层党组织注入"新鲜的血液"。基层党组织要通过提高福利待遇的方法，积极鼓励优秀的党员从基层做起，为壮大基层党组织队伍建设增添新鲜的血液。其次，基层党组织队伍建设的着力点要提到队伍质量上来，提质是建立强有力的骨干队伍的基本要求。在推进提质增效工作中，要把理想信念坚定、勤政为民、勇挑重任、廉洁奉公的人格品质作为选拔育人用才任人的重要标准。同时广大基层党员要继续积极主动地加强对马克思主义理论的学习，特别是马克思主义最新理论的学习，努力提高自己的政策理论知识水平与分析解决实际社会问题的综合能力。只有自身的工作能力过硬，才有机会真正充分发挥他们的先锋模范作用，才有机会在基层更好地服务于广大基层群众。

（三）加强对基层党组织的作风建设

古人云"政之所兴在顺民心，政之所废在逆民心"党同人民群众始终保持一种鱼水关系是我党加强作风建设中一个核心课题。在推进基层群众自治过程中，基层党组织与广大基层群众共同建立和谐的党群关系是完善基层群众自治制度的必然要求。在深入推进基层组织自治中，基层党组织要进一步加强与广大基层群众的密切联系，要以切实维护广大基层群众的切身利益为先，以广大人民基层群众的殷切期盼为根本理想和政治信仰，真诚地深切倾听广大全国人民基层群众的迫切呼声，真实地深刻反映广大基层群众的迫切愿望，真情地深切关心广大全国人民基层群众的民生疾苦；要坚持把各项工作的领导重心向基层下移，深入基层、深化与群众联系，做到知群众民情、解群众民忧、纾群众民怨、暖群众民心，多干一些能够让广大基层人民群众感到称心满意的事，做好事、办实事。

二、完善基层党建责任体系，提高党建引领基层社会治理法治化能力

基层党建工作的效果直接影响党服务人民的能力和水平，而考核作为一种评价形式，对于发现工作中的不足、考核人员能力、总结经验、开展监督检查是不可或缺的。但在过去基层党组织的考核中，由于缺乏科学、标准的考核指标，考核往往流于形式，不注重实际的效果。党建引领基层社会治理创新的效果需要更加客观、规范的评价考核体系来评估。因此，基层党组织要注重改进和完善党建工作责任制考核评价实施办法，设立科学的考核标准和规范的考核流程。

（一）制定差异化的考核标准

量化评估要素和考核指标，体现可操作性，从而减少主观因素对评估结果的影响，提高评估工作的可操作性和公平性：一方面要遵循上级部门的考核要求，在制定本单位具体方案和实施细则的时候要多和上级部门沟通协商，

避免出现上下部门之间考核标准出现"上下不齐";另一方面,要结合本地的实际情况,考虑部门、岗位、工作内容的不同,对上级部门的指导方案进行细化,制定有针对性、可操作性的考核实施细则。

（二）考核主体要多元化

基层党组织进行考核时,要全面综合各考核主体的看法,方能使考核结果更加具有客观性和真实性。进行考核时,可以发挥群众的考核监督作用,群众对于其工作开展的效果最具有发言权,因此,在设置考核指标时,要将群众的评价作为一项重要指标。有必要时,还可以引入第三方的考核服务,第三方拥有更专业的人员和科学化的考核方式,通过互联网渠道收集社会各方对考核对象的意见,形成一份对于基层党组织工作和工作人员的考核结果,是完善基层党组织考核机制的重要形式。

（三）强化考核结果的运用,激励干部担当作为

要使考核真正落到实处,不流于形式,发挥考核结果的作用。要重视将考核结果和奖惩机制联系起来,对于工作成绩突出的个人要给予一定的物质和精神激励,并可根据情况,作为晋升提拔的依据,以此来调动党员干部工作热情。对于工作不能胜任的党员干部,要进行批评教育并督促其改进。

第二节　强化基层民主协商,提升基层社会治理法治化民主自治能力

基层协商民主是党和政府主导的基层社会治理的一种重要方式。基层协商民主直接关涉人民群众权益,是扩大公民有序政治参与的主要形式,极具创新和发展空间,有很强的发展动力,是中国特色社会主义协商民主实践的基础和重点。基层协商民主贯彻得好,有利于保证政策制定更具有群众基础、体现群众意愿、展示群众政治选择。基层协商民主贯穿了深刻的"全过程"

逻辑：第一，基层协商民主以解决人民群众关心的问题为导向，体现了全过程人民民主的"全方位"特征；第二，基层协商民主在注重"商量"的同时保障协商质量，体现了全过程人民民主的"全链条"特征；第三，基层协商民主以寻求"最大公约数"为目标，体现了全过程人民民主的"全覆盖"特征。习近平总书记指出："践行以人民为中心的发展思想，发展全过程人民民主。"其中，社会主义协商民主是人民民主的重要形式。社会主义协商民主坚持马克思主义，具有中华优秀传统文化基础，并批判吸收了人类优秀文明成果。随着实践的演进，社会主义协商民主不仅彰显了真实性与有效性，而且贡献了民主理论与实践的中国方案。在新时代的背景下，发展协商民主尤其具有特殊的政治功能和政治价值，是切实推进中国特色社会主义民主政治的内在要求和紧迫任务。因此，科学分析社会主义协商民主的构建思路，具有重要价值。从实践中看，推进基层协商民主建设是社会主义协商民主建设的重要组成部分，对于推动基层社会治理现代化、塑造基层治理共同体具有重要价值。

基层是协商民主的重要实践场域，习近平总书记强调："涉及人民群众利益的大量决策和工作，主要发生在基层。要按照协商于民、协商为民的要求，大力发展基层协商民主，重点在基层群众中开展协商。"在基层夯实协商民主实践，是发展社会主义民主政治的重中之重。在"人民民主是全过程人民民主"的基本原则下，一个真实的、有效的、管用的基层协商民主，也必然贯穿着深刻的"全过程"逻辑，彰显出全过程人民民主的特色。对于社会主义协商民主而言，其核心特色在于"有事好商量，众人的事情由众人商量，找到全社会意愿和要求的最大公约数"。在这个意义上，"有事好商量"就凝结了基层协商民主的"全过程"逻辑。

我国的基层协商民主能够从人民群众息息相关的事务入手，构建一个动员有效、参与有效、成果有效的民主形式，不仅聚焦于政治领域的决策，也关注人民群众在日常生活中的问题，由此打通了政治场域与社会场域之间的联系。基层社会治理是激发民主参与的重要领域。基层社会治理中的事务涉及个人的具体生活。在此意义上,基层协商民主的重要性便凸显出来:第一,基层协商民主所关涉的事项都是人民群众所关心的事务,涵盖社会生活的方方面面,只要是涉及人民群众的利益,都可以被纳入协商的范畴。第二,基层协商民主旨在真正地解决人民群众的问题,协商的优势就在于规避了票决民主中"少数服从多数"程序对少数人利益的压制,让少数意见和多数意见充分交流,通过偏好转换、利益沟通来尊重所有人的诉求,进而达到让所有人都满意的结果。由此可以看出,一方面,"有事好商量"中的"有事",塑造了基层协商民主的"全方位"特征。基层是政治与民众联系最密切的地方,各种利益关系显现得最为明显。基层治理呈现出深刻的复杂性。所谓的"事"涵盖极其广泛的范围,可能涉及治理的方方面面,例如社会、文化、生态等,并且是人民群众身边的、最为关心的问题。因此,基层协商民主覆盖的议题具有广泛性——只要人民群众关心的点在哪个领域,基层协商民主就可以延伸到哪个领域。

一、合理确定参与协商的主体

参与是指不同主体的参与,什么主体参与,以及这些主体如何参与,深刻地影响了民主的效能。基层中"麻雀虽小,五脏俱全",包含党组织、政府、群众自治组织、市场组织、社会组织、公众等主体。协商民主的实质是实现和推进公民有序政治参与。确保公民有序政治参与协商民主的关键在于提升公民素质、扩大公民参与协商民主渠道和范围。党校、行政学院、高校等培训单位和机构专门开设协商民主相关课程,旨在提升领导干部协商民主理论水平与实践本领;利用基层大讲堂、社区教育平台等实现协商民主理论进基层、进社区、进群众,加强对协商民主的宣传力度,提升基层群众协商民主素养和能力。进一步提升领导干部的协商意识,加强对基层协商重要地位和作用的认识程度。作为地方党委和政府的主要领导,要从推进社会主义民主政治和政治文明建设的高度出发,重视公民参与,有社会责任意识,提供制定政策所需要的全部信息,为公民参与基层协商民主创造良好环境与条件，积极保障群众民主参与的权利，培育群众参与协商民主的能力。提升群众理性思维的能力，在实践中更好地贯彻协商民主理念。

提升协商质量的根本前提，在于能够把协商问题涉及的所有利益相关方都整合进来，由此才能够保证协商的问题充分反映不同参与主体的利益诉求，才能够最为广泛地集中群体智慧，让协商的结果更加符合人民群众的利益。如果不能把所有的利益相关方纳入民主程序，那么整个民主协商就会缺少充分的信息支撑，就不能观照所有的利益诉求，那么所得到的结果本质上也是不民主、不公正的。因此，在确定协商主体的过程中要充分做好调研，避免遗漏任何一个利益相关者。这是实现公正的民主结果的前提，也是对人的民主权利和尊严的充分尊重。实证研究同样指出，广泛有效地整合协商问题的利益相关方，不仅有利于达成决策方面的共识，也有助于形成良好的互利共赢关系，充分统筹、调动基层社会治理所需财力、物力、人力，破解基层社会治理中资源碎片化的困境。

二、强化协商程序的制度化水平

保障协商主体能够依规讨论、理性讨论，防止单一主体对整个议程的操纵控制，以及规避不理性的方式或情绪影响协商氛围。基层协商民主制度化的关键是基层协商民主"程序"的制度化，有助于基层协商民主过程的实体性展开一些基层社区开始逐步探索协商程序制度化的方式，并取得了较好的效果。例如，成都某社区的协商议事引入了"罗伯特议事规则"，在特定规则的指导之下，居民们参与议事协商，就将原来自己"举报者""抗议者"的角色转化为共建者的角色。在具体的操作中，协商的过程既不能让单一的主体控制议程，也要保证始终围绕议题内容做好协商，"不跑题""不走样"。每一个协商参与者的态度也要平和理性，应该包容他人、理解他者，不能因为个人情绪、个人偏见妨碍协商的正常进行。

在国家制度中安排融入协商因素的制度设置，并且使之成为公共决策和国家治理的一种民主方式，是协商民主制度化、常态化建设的题中之义。

习近平总书记强调，要完善人民政协制度体系，规范协商内容、协商程序，拓展协商民主形式。目前，我国虽然有对协商民主的制度规定和文件要求，但是还没有形成完备系统的制度体系，在一定程度上影响了协商民主成效。提高基层协商民主需要建立健全民主协商的制度作为支撑，推进协商民主程序化、制度化、规范化、常态化建设，化政策性协商为制度性协商。围绕协商民主所涉及的主题、内容、程序、形式等，逐步完善相关法律和制度。推进基层协商民主制度建设中要坚持人民民主原则、平等包容原则、广泛多层原则和依法监督原则。要在基层协商民主制度构建方面，着力构建程序合理、环节完整的协商民主体系。

三、构建协商成果落实的监督反馈机制

让协商成果能够真实地回应人民的需要，并能够随着外部环境的变化进行动态调整。有效的民主必然是能够解决问题的，因此民主的"回应性"是评价民主是否有效的标准。"回应"是全过程人民民主的一个基本特征。回应构建了不同主体之间联系的纽带，是执政党和政府与人民群众之间相互信任、相互合作的基础。此外，受制于现代治理环境的复杂性，协商成果的落实可能在变化的环境中同原初的目标存在偏差。例如，随着时间的推移，公众的利益诉求可能发生改变，因此政策的落实要精准把握公众需求变动的情况，并将其重新反馈到政策议程中，重新调整决策过程，以确保政策能够持续地满足公众的期待。故而，协商结果的落实并不是一次性的，而是一个过程。协商结果要不断地接受公众的监督，在外部环境的变化中调整目标和内容，使其始终能够满足人民群众的期待。

只有协商，而没有监督，或者监督不充分，都不是真正意义上的协商民主。应当不断完善和健全协商民主监督机制，增强协商民主监督约束力。首先要建立协商信息公开机制。将协商议题、协商规则、协商内容、协商过程、协商结果，利用现代媒体和平台，向社会全面公开，提高政府实行重大公共事务行为透明度，增强政府公信力。其次要完善惩戒机制。畅通的渠道是有

效开展民主监督工作的载体，将协商内容进行公示公开，方便群众监督和评价，突出监督重点，提升民主监督实效。基层人民政协要密切关注社会动态，深入基层、深入实际，掌握人民群众所关注的热点难点问题，以提案、社情民意等方式进行监督。

概言之，实现"好商量"需要构建基层协商民主的"全链条"，即构建参与主体的合理选择、协商程序规范化、协商结果回应性的有机统一。通过全过程的"事前"，保障最广泛地集中多元主体的智慧和力量，反映多元主体的利益诉求；通过全过程的"事中"，贯穿协商中的理性审慎态度，让不同的观点在包容性沟通中寻找到共识，化对立为和谐；通过全过程的"事后"，在监督中保证协商结果能够惠及于民、落到实处，并在变化的环境中不断满足人民期待。

基层协商民主是党和政府主导的基层社会治理的一种重要方式。浙江省是基层协商民主的先行地，正在纵深推进"请你来协商"平台建设。协商民主不仅是我国人民民主重要的实现形式，也是一种对竞争性选举民主的修正补充。这种协商民主的价值功能在政协系统履行政治协商、民主监督和参政议政三大职能过程中得到了催化与彰显。"协商民主"这一概念，在2007年国务院新闻办发行的《中国的政党制度》一书中首次提出，党的十八大报告予以正式确认，党的十九大报告明确了"协商民主的程序要求和实践要求"，党的十九届四中全会又明确地要求"构建程序合理，环节完整的协商民主体系"。当前，我国还未形成基层协商民主的规模化、规范化发展态势，尤其是省级层面政策的设计、参与平台的运转、协商成果的落实落地以及群众话语权的保障等还存在一些现实的问题。浙江省是积极探索基层协商民主的先行地，温岭市于1999年举办的"农业农村现代化教育论坛"揭开了"中国式民主恳谈"的序幕，义乌市于2000年启动探索社会化维权模式，当下浙江省建德市"请你来协商"平台的深化推进从不同层面、不同维度彰显了基层协商民主先行地的独特区位优势。

基层协商民主的持续有效运转不仅需要各参与主体利用各种形式协同发

力，而且必须以解决实际民生问题为价值取向，聚力改善各协商主体之间非对称性的格局。因此，建德市政协立足"请你来协商"平台建设，探索主动式基层协商民主的路径培育。

（1）培育"积极公民"意识

我国基层协商民主实践的常态化运转归根到底仍要依赖群众个体自发产生的理性行为。换言之，基层协商民主制度运行的成功与否，与协商参与者是否具有"积极公民"意识密切相关。建德市政协层面可举行"请你来协商"活动，着力培育协商参与者"积极公民"意识，切实提升群众的公共精神、主动参与社会政治生活的习惯。一是协商主题需和群众息息相关。选择和群众生产、生活息息相关的协商主题，增强对各参与主体的吸引力。比如教育主题选择"双减"背景下学生素质教育提升、中学生身心健康等，生活环境主题选择老旧小区改造、社区建设与物业管理、文明养犬等。二是利用网络加大宣传力度。每次活动前一周，通过政协微信公众号预告活动情况。尽可能采用现场直播，并实时采用两名网民现场提问参与协商，大大激发广大群众参与热情。据统计，最多一场有超5.1万名网民参与协商互动。三是领导参与协商提升关注度。每年市委书记、市长带头分别参加一次"请你来协商"活动，市委常委、市政府副市长参加与分管工作相关"请你来协商"活动。如此，市领导与政协委员、群众"面对面"协商，扩大了影响力，引发了群众关注度。

（2）建构开放协商模式

基层协商民主就是为了解决群众急难愁盼的民生问题，让群众实打实地感受到党委和政府谋发展、解民忧、办实事的真谛和举措。建德市政协努力建构协商开放模式，发动群众聚民意，通过群众聚民智，依靠群众聚共识。一是协商主题从基层来。一方面，年初各部门根据市政协的要求，收集好来自乡镇（街道）和社区等基层协商主题，各专委会和联系的部门研商确定至少两个协商议题。另一方面，由市政协根据政协各乡镇（街道）工委和委员活动小组深入一线收集的协商主题而确定。二是协商场所按内容定。坚持协商内容和协商场所相吻合的原则，根据协商内容灵活确定协商场所，把协商场所搬出会议室，搬到和协商内容紧密相关的场所，以便更好提升协商质效和影响力。比如，把"老旧小区综合改造提升"协商场所放在老旧小区——沧滩社区，把"加强豆腐包品牌打造，提升建德美食美誉度"协商场所放在梅城镇美食广场。三是参与人员因协商主题需要选。建立"协商议事员"人员库，根据协商主题实际需要，每次"请你来协商"活动确定相应的委员与"协商议事员"等协商主体，解决好"谁来议"的问题。同时，因事制宜，通过事先征集选择1—2名群众代表，参与现场协商活动，增加参与主体的开放度。

（3）提升参与主体协商能力

政协基层协商具有专业性，需要参与协商人员具备一定的政治把握能力、学习思考能力、调查研究能力、言语表达能力和团结协作能力。只有熟练掌握履职所需的能力，在协商过程中才能不当外行人、不说外行话，做到建议科学、合理可行。建德市政协多措并举，着力提升基层协商各参与主体的综合能力。一是提高思想认识。党委、政府既是社会治理的领导者与责任者，也是民主协商的主要组织者，要大力增强平等观念、公开意识和包容态度，积极引导各利益主体也参与到协商中来，结合区域内市民的意愿和公共精神，来确定协商什么事、如何有效协商等。二是强化工作指导。坚持"不调研不协商"原则，组织所有参与人员深入调研，为协商过程中建好言献好策打基础。还要对所有参与人员进行专业化指导，帮助基层部门高质量地参与到基层协商民主制度的建设和执行中来。三是加大培训力度。不仅在政协换届之后即举办全体委员培训，而且按照"每年开展一期、届内完成轮训"的目标，组织全体委员轮训，每次培训把基层协商作为重要内容列入其中，切实提升全体委员的协商水平。

（4）有效提升协商质效

人民政协为人民。"请你来协商"活动关键是要解决群众急难愁盼的民生问题。建德市政协不断强化效果导向，注重做实做优"请你来协商"平台建设的后半篇文章，最大可能激发协商主体"我要协商"的主动性。一是形成完整闭环。不仅要着力协商过程的规范，还要聚力强化制度建设，大力保障协商成果向治理效能的转化。每次"请你来协商"结束后撰写《协商纪要》，明确交办单位与督办单位的职责，明确办结时限和相关工作要求，形成"请你来协商"的完整闭环。二是优化监督管理。建立协商结果采纳、落实和反馈机制，把《协商纪要》的报送纳入党政部门（单位）办事程序，不断完善交办、督办的工作机制，对办理协商结果的情况严格跟踪督办，以专题会议、微信公众号和书面告知等形式，及时公布协商建议以及办理落实情况，主动地接受广大群众的监督。三是强化绩效考评。对在基层协商工作中表现优秀的个人和部门（单位）给予必要的物质与精神奖励，并予以表彰。对工作不力并造成不良影响的要公开严肃批评，并责令限期整改，把办理协商建议的情况纳入部门（单位）、乡镇（街道）年终综合考核，强力保障协商成果有效及时地转化运用。

第三节　强化德治作用，积极推动与基层社会治理法治化的深入融合

中国传统社会经常被称为"德治"社会。自孔子开始，中国传统德治就在独特的自然经济、宗法社会结构、专制体制、一体化意识形态、儒家思想文化体系等背景下展开。孔子说，"道之以政，齐之以刑，民免而无耻；道之以德，齐之以礼，有耻且格"，"为政以德，譬如北辰，居其所而众星拱之"（《论语·为政》）。他认为德高于法，主张德主刑辅。自汉唐以来，"德主刑辅"的思想成为主流。汉武帝接受董仲舒"罢黜百家、独尊儒术"的主张，推行"礼法合一"。中国古代的德治进程，就是先把道德一体化，再把道德法律化，最终实现法与道德一体化的过程。由此，道德具有治理国家的法律效力，法律成了道德和意识形态的体现，因而古代社会被称为"德治"社会。

在基层社会中，与德治相对应的道德，表现为"三从四德""三纲五常"等价值观念。

现代意义上的德治是以道德规范来约束人们的行为从而形成社会秩序的治理观念和方式，道德规范约束是一种非正式制度约束。具有三层内涵。第一，道德是一个权利和义务对等的概念，很多道德标准就是权责对等式表述。比如道德文化中提倡父慈子孝、尊老爱幼、相亲相爱，体现了父子双方、人与人之间同时性的权利和义务。德治以道德建设为基础，即以同时落实人们的权利和义务为基础。第二，当代德治的目标是形成现代社会秩序，因此当代德治所凭依的道德应当是现代性的、与法治精神相契合的新道德，而不能以"三从四德""二十四孝"等旧道德来规范人们的行为。第三，道德不是先验的，不是人生而具有道德，因此德治建设必须是实践的，其过程需要长期的教育与内化，让公民在参与道德实践中成长。

在新时代，城乡基层治理体系中德治建设的成效得到广泛肯定和关注。这与广大民众长期的实践探索和经验积累有关，也与中央和地方持续有效的政策支持有关。在国家治理体系和治理能力现代化建设的背景下，城乡基层治理中的德治实践既承接传统治理资源又开拓新的治理模式，在基层治理体系中的功能越发彰显、影响日益提升。多种多样的德治创新建基于基层民众的实践探索和经验积累之上，并上升为中央和地方的政策措施。

一、强化德治的支持与引导

在多年的探索基础上，尤其是党的十八大以来，我国形成了庞大的德治政策框架体系。其中可以分为两个部分的内容：一是关于德治的相关政策，二是服务于德治或和德治紧密联系的一些机构、形式的相关政策。前者包括中央和地方两个层面，基本上是把德治和自治、法治放在一起予以规定。后者只有地方一个层面，主要是关于村规民约和乡贤参事会、红白理事会、道德银行、志愿者的政策。我们有必要全面梳理中央和地方上关于德治的政策体系，把握其中的政策重点和关键环节。

中央层面上关于德治最为重要的提法是党的十九大报告提出的"健全自治、法治、德治相结合的乡村治理体系",其次是党的十九届四中全会和五中全会都提到"健全党组织领导的自治、法治、德治相结合的城乡基层治理体系"。在此前后,党中央和国务院的许多文件都对此有过更为详细的论述。比如《中共中央、国务院关于加强和完善城乡社区治理的意见》(2017年6月)、《中共中央、国务院关于实施乡村振兴战略的意见》(2018年1月)、《乡村振兴战略规划(2018—2022年)》(2018年9月)、《关于加强和改进乡村治理的指导意见》(2019年6月)、《中华人民共和国国民经济和社会发展第十四个五年规划和2035年远景目标纲要》(2021年3月)和《中共中央、国务院关于加强基层治理体系和治理能力现代化建设的意见》(2021年4月)等。这些文件充分反映了党中央推进城乡基层德治的决心和信心,设计了未来一段时间应该达到的目标,明确了工作的重点和必须采取的措施,规定了实现目标的保障条件。与中央层面相配合,各地从省市到地县都出台了大量的相关文件

(一)加强顶层设计

站在国家治理体系和治理能力现代化的视角上,新时代城乡基层德治的顶层设计是一个学术上和政策上都有必要深入考虑的问题。这一设计需要考虑的要求有:第一,在总体上,统筹考虑全国城乡基层德治建设的各个层次和各种领域、各类环节和各种问题,既要统揽全局的总体框架,又要关照各个局部的特殊性,既要追根溯源,又要着眼现实,在政治和哲学层次上寻求德治建设诸多问题的解决之道、德治水平的提升之道。这一设计的特点在于全局性、长远性与根本性。第二,在重点上,有必要从党和政府工作的角度出发对我国城乡基层德治建设的现实抓手和重点工作进行深入把握和准确定位。尤其对制约现实进展、正在发生障碍作用的问题进行处理,寻找出有效的解决办法。第三,在方法关照上,既要考虑基层治理的德治结构是过往组织资源有效性的延展与应用,同时又要能够对新的秩序安排和制度建构形成重要支撑。而且,作为城乡基层治理的一个方面,德治建设既要解决本领域

的问题，又不可避免地考虑辐射到其他层次和领域的问题，考虑到多层次治理构架和治理景观全局。

（二）优化政策引导

作为城乡基层治理的一种重要形式，德治建设必须得到各级政府政策的支持和保障。近年来，各级政府出台了许多基层治理的政策，从多个方面对于德治工作予以推动。不过，由于道德建设本身的难度，由于现实生活中一些复杂情况，由于一些政策制定得不周密不准确，德治政策有时流于表面和形式，真正发挥的推动力量不甚强。还有一种情况，有的德治政策混杂在其他政策的内容之中，得到执行的力度较为有限。在当前的形势下，这些问题应该可以在各级党组织的领导下得到具体的、可操作化的解决。目前有两个政策优化的现实问题。第一，首先在地方层面，其次在中央层面，在政策上对德治的机构及其职能予以清晰的规定和细致的设计，在必要的条件下甚至应该在法律层面上予以明确。同时，在德治已经取得一定成绩的地区，在借鉴人民群体丰富经验的基础上，可以在政策上确定德治机构的权责边界和权责清单。第二，确定基层德治机构与其他机构的配合关系，构建精简高效的基层治理体系。《中共中央、国务院关于实施乡村振兴战略的意见》提出："依托村民会议、村民代表会议、村民议事会、村民理事会、村民监事会等，形成民事民议、民事民办、民事民管的多层次基层协商格局。"这种设计是较为全面系统的。但在实际工作中可以适当精简。比如，村民议事会和村民监事会就可以和乡贤理事会、红白理事会合并，形成"一套人马、几块牌子"的形式。在条件允许的地方，甚至可以把村民代表会议、村民理事会合并进来。这样，德治机构和自治机构相贯通，既可以发挥多方面的职能，又可以适当节减人员精力和经费，同时还可以提高工作效率。

二、规范德治组织配套

（一）完善德治相应机构

德治机构主要针对的是基层工作，但仍然需要配套措施和辅助力量。有的地方乡贤参事会配合有乡贤服务队，根据"只要乡亲需要，服务队就在"的原则工作。有的地方建立基金会和乡贤参事会配合，应该说是较有现实感和操作性的做法。有的地方建立了"乡贤参事顾问团""乡贤和事会"，主要目的是在某些具体领域具体问题上发挥乡贤的作用。浙江部分乡镇组建的"乡贤和事会"专题开展"新乡贤说事"，为当地重点工程征迁项目破难解困。与此类似，浙江部分乡镇建立有乡贤帮忙团，在调节乡里矛盾方面发挥了较好的作用。这说明，由于乡村生活的复杂性和多样性，乡贤理（参）事会建立专门性配套机构，更能发挥出其德治功能。这些配套机构一般由乡贤理（参）事会内部人员组成，不宜再另招人马、另挂牌子。

（二）规范人员培训和提升

城乡基层德治涉及极为广泛的社会群体和人员，仅就从事德治工作的人员来说，就涉及基层党政干部、新乡贤、红白理事会成员、志愿者、道德银行工作人员、配套机构人员等等。加强对这些人员的培训和优化非常必要。培训应该在德治机构和人员调查的基础上分类别、分职能提出培训理念和培训课程体系。培训理念中一个非常重要的内容是要讲清今天在党建指引下的德治不同于传统社会的德治，突出强调当代德治是建立在中国特色社会主义核心价值观之上。这些培训可以由各级党组织或政府部门组织，也可以由培训承担单位出面组织。这些培训一般由各级党校、社会主义学院承担为宜，具备条件的高校也可以承担部分工作。这些培训可以单独设置体系化的课程和班次，也可以和其他培训结合进行。

三、强化德治与法治的融合

古往今来，法治和德治都是社会治理不可或缺的重要手段，坚持法治和德治相结合、促进二者相辅相成、相得益彰，是中国数千年社会治理的鲜明特点，是中国特色社会主义治理的显著优势。习近平总书记强调，"依法治国是维护社会秩序的刚性手段，以德治国是维护社会秩序的柔性手段，只有把两者有机地结合起来，才能有效地维护社会的和谐，保障社会健康协调地发展"。在新时代基层社会治理中，我们要把法治建设和道德建设有机结合起来，共同推进、一体建设。

（一）强化法律对道德建设的促进作用

一是善于运用法治手段解决道德领域的突出问题。虽然，道德主要依靠个人的自我约束发挥规范作用，但对那些缺少道德自觉的人，对那些失德行为、失信行为，仅仅靠道德约束是不够的。因此，要加强相关立法工作，明确对失德行为的惩戒措施。要依法加强对群众反映强烈的失德行为的整治。对突出的诚信缺失问题，既要抓紧建立覆盖全社会的征信系统，又要完善守法诚信褒奖机制和违法失信惩戒机制，使人不敢失信、不能失信。对见利忘义、制假售假的违法行为，要加大执法力度，让败德违法者受到惩治、付出代价。二是以法治激励崇德向善，将一些道德根本原则和基本规范具体化、法律化，把实践中被广泛认同、较为成熟、操作性强的道德要求转化为法律规范，弘扬善行美德。同时，在法律实施中，要把法理、情理和事理结合起来，贯彻社会主义核心价值观和公共道德观，严厉打击黄赌毒、黑拐骗，制裁假恶丑、弘扬真善美，激励全社会崇德向善。三是以法治引领道德发展。"法律是道德的保障，可以通过强制性规范人们行为、惩罚违法行为来引领道德风尚。"特别是在赡养扶助、妇幼保障、诚实信用、婚姻家庭、邻里关系等方面，应把一些基本道德规范转化为法律规范，使法律法规更多体现道德价值和人文关怀，通过法律的强制力来强化道德作用、确保道德底线，推动全体人民道德素质提升。

（二）强化道德对法治的支撑作用

习近平总书记指出，"必须以道德滋养法治精神、强化道德对法治文化的支撑作用"。首先，以道德滋养法治精神，才能实现良法善治。"没有道德滋养，法治文化就缺乏源头活水，法律实施就缺乏坚实社会基础。"法律必须转化为人们的内心自觉，才能真正为人们所遵行。因此，要在道德体系中体现法治要求，发挥道德对法治的滋养作用，努力使道德规范体系同社会主义法律规范体系相衔接、相协调、相促进。在基层治理实践中，必须大力弘扬社会主义核心价值观，弘扬中华传统美德，培育社会公德、职业道德、家庭美德、个人品德，提高全民族思想道德水平，为基层治理创造良好人文环境。其次，强化道德对法治的支撑作用。人们认同法律、遵守法律，最根本的是基于人们对法律所蕴含的正义价值和道德观念的认同。坚持依法治理和以德治理相结合，必须重视发挥道德的教化作用，提高全社会的正义观念和道德素质，为法律体系运行和发挥作用夯实道德基础。最后，在道德教育中突出法治内涵。道德教育是公民文化教育的一项基础工作。中国具有特殊的历史文化和国情，要针对人情积习厚重、规则意识较为淡薄的情况，注重把法治精神纳入道德教育全过程，培养人们的法律信仰、法治观念、规则意识，引导人们自觉履行法定义务、社会责任、家庭责任，营造全社会都讲法治、守法治的社会氛围。

四、挖掘运用传统文化资源

作为一种传统治理形式，德治天然地与传统文化具有亲和力，因而可以从优秀传统文化中得到滋养。挖掘运用传统文化资源对推动城乡基层德治水平具有重要意义。一方面，深入挖掘乡村熟人关系蕴含的同气连枝、扶弱助残等道德规范和陌生人或半熟人社会中仗义疏财、一诺千金等道德传统；另一方面，还要结合时代要求进行创造性转化和创新性发展，在今天的社会制度和法律框架下活化优秀传统美德。有必要指出的是，传统德治实践中虽然有许多落后错谬的内容，但也有许多有价值有启发的内容，有些略加调整可以直接运用到现实德治实践中去。比如，以个人道德威望优化一方社会伦理秩序，中国古代一些杰出的清官往往在这方面有所表现。

"三治融合"的重要内容之一是德治和自治、法治的配合，对此学术界曾有较为广泛的考察研究。但是，由于各地做法的差异和各位研究者视野的差异，在这一问题上存在较大的分歧。这就需要在理论上梳理清德治和后二者的关系，尤其是厘清三者的边界，清理在这个问题上一些似是而非的看法。在实践上考察德治和后二者的配合方式，尤其是探寻德治真正能长期持续地提升二者效能的方法。其基本原则在于，通过德治赋予后二者正义的力量和底色，通过法治赋予德治强力的支撑，通过自治赋予德治基层秩序层面的载体。而这需要在当代中国实践中寻找到具体实现方式。一方面有必要调查和归纳总结一些地方的有效成功做法，提升到一定理论层次和政策高度；另一方面也要关注个别地方的无效和失败做法，甚至可能产生相反的效果。从现实中来看，这两个方面的例证都不少。

附：

实现乡村有效治理的复合机制
——以浙江桐乡"三治融合"治理实践为例

近些年由地方首创经中央政府正式认证再到地方全面铺开的三治融合治理实践被视为是一种有效的乡村治理模式。基于对浙江桐乡三治融合，治理实践的案例研究，认为"三治融合"的有效性根植于其内在的复合治理机制。复合化治理主体意味着通过政治行政助推自治逐渐形成由党和国家以及社会所共同组成的以彰显自治为本的乡村治理共同体；复合化治理规则是指在乡村治理过程中发挥德治与法治的治理效力实现彼此功能优势互补。在二者关系上复合化治理规则的形成主要取决于复合化治理主体，复合化治理规则实质上是一个中介机制体系政治、行政借此助推自治最终实现乡村善治。

从2013年开始，桐乡市在坚持和弘扬"红船精神"的实践过程中，通过先行先试、积极探索，建构起了以"一约两会三团"为组织载体的"自治、法治、德治"相结合的乡村治理新模式（简称"三治融合"）。其中，"一约"即村规民约；"两会"是指百姓议事会和乡贤参事会；"三团"是指百事服务团、法律服务团、道德评判团。自开展三治建设以来，桐乡市乡村治理绩效得到大幅提升，全市刑事警情率下降34.3%，安全生产事故死亡率下降42.5%，上访下降36.2%，矛盾纠纷受理下降26.5%。187桐乡经验先后被《嘉兴日报》《浙江日报》和《光明日报》等官方媒体报道宣传，成为新时代引领乡村治理实践创新的典型模式。

（1）复合化治理主体：政治、行政助推自治，构建自治为本的乡村治理共同体

浙江桐乡"三治融合"主要涉及基层党组织、基层行政组织、村委会、村民小组、新乡贤、社会自组织、村监委、"两会""三团"以及广大村民。上述主体在"三治融合"治理实践过程中形成了三层权力结构。第一层由村委会、村民、村主任、乡贤参事会、村民理事会等主体要素构成；第二层由村支部与村委会、村支书与村主任、党员与群众等多重关系组成；第三层是由村庄一级向外拓展，主要表现为乡镇政府与村委会、乡镇干部与村干部的多重关系。

在这多重权力结构中，以彰显自治为本的第一重权力结构处于核心位置。自治贵在增强乡村社会活力，增强乡村社会活力的最佳方式是让广大村民参与到乡村治理过程中来，而这也相应构成乡村治理的基础。广大村民是乡村治理的主体性力量，他们的管理、服务与监督能力构成乡村治理有序推进的力量源泉。桐乡在具体实践中形成了多样化的自组织模式。百姓议事会和乡贤参事会是实现民事民议、民事民办、民事民管的有效组织设计。百姓议事会的基本运作逻辑是由作为召集人的村庄干部，就涉及村庄治理与发展的重要决定、民生问题、工程建设、规则制定、土地流转等问题召开全村村民代表大会，定期听取广大基层民众对于社区事务的意见看法。在田野调研中，

桐乡高桥街道越丰村的一位村干部给我们讲了一个这方面比较有代表性的案例。早几年，村里安装路灯需要更换60多只灯头，项目预计投入资金5万多元。最终经过百姓议事会的广泛讨论，在货比三家的基础上选用了一家物美价廉的生产厂家。

乡贤理事会由社区威望高、受到群众广泛认可的乡贤群体组成，旨在通过开展专题会议、个别访谈等形式发挥乡贤群体在乡村治理中的道德教化、价值引领、促进发展的重要作用。经过多年努力，目前乡贤理事会已经基本实现全市范围内全覆盖。广大乡贤群体在矛盾纠纷解决、村容村貌整治等方面发挥着积极作用。"板凳法庭"也是桐乡基层实践所探索出的一种有效解决矛盾纠纷的处理方式。其运作机制是村民遇到问题，请个"众家娘舅"，大家心平气和地坐在板凳上评一评、判一判，而并不轻易打官司。此外，基层政府也会通过"乌镇管家""梧桐义工"等群防群治品牌，引导基层群众有序参与到基层事务的决策、管理和监督中来，实现乡村的"微治理"。与多数地方的乡村自治容易浮于表面不同，桐乡"三治融合"的治理实践探索具有较为深厚的自治基础。正如访谈中一位村民说的，这些自治制度设计也较好照顾到我们的利益诉求，使用门槛也不高，因此大家的参与意识都比较强，参与程度也比较深。

第二重与第三重权力结构旨在有效发挥基层党组织、基层政府在乡村治理中的功能作用。乡村治理迈向善治，既需要基层党组织通过政治建设夯实党的执政基础，通过基层政府提供服务满足乡村治理需求，也同时需要党建引领、行政助推不断培育自治，这是因为村庄社区不是一个能够达到完全自足的基层社会体系，部分地方村庄的公共性、自组织性不强，缺乏有效的社会参与。实践证明，国家的有效介入能够有助于社区自治组织成长。在桐乡"三治融合"治理实践中，三者之间关系实现了有机组合。一方面是国家试图通过基层党政组织建设实现夯实基层执政基础与培育社会自治的双重功能。推动基层党组织建设是更好发挥基层党组织在乡村治理中的战斗堡垒作用、巩固党的基层执政根基的有力举措。同时，"政治建设"功能的臻于完善也相应地为基层党组织"社会培育"自治功能的有效发挥提供了组织保障，以党建引领促进社会整合成为未来乡村治理发展的必然趋势。桐乡"三治融合"实践始终坚持党的领导，以党建为引领。具体来说，桐乡在"三治融合"的体制机制方面主要构建了三大体系。首先是在市镇层面建立由党委政府主要领导担任组长的"三治"建设领导小组以此强化党的组织领导；其次是在村级层面深入实施基层党建"整乡推进、整县提升"工作，旨在有效发挥基层党组织的政治功能；最后是在全市211个村庄、社区成立网格支部713个、党员先锋站432个，厚植党建引领基层治理的组织基础。

另一方面是基层政府组织不断优化基层行政功能和培育社会自治功能，优化基层行政功能主要表现为伴随着"治理重心"的不断下沉，乡镇及以上行政体系的管理与服务职能在不断向广大农村延伸。培育社会自治功能既体现为基层政府通过政策出台充分挖掘乡村社会的德治资源，以道德建设为基础激发乡村治理的内在活力；通过推动法律下乡提升乡村治理的法治化水平，也体现为通过大力培育扶持社会组织，赋予社会组织更大的作用发挥空间，增强社会组织自我管理、自我教育、自我服务能力。桐乡市委政法委一位地方官员在访谈时候介绍说，目前桐乡全市登记、备案的社会组织已有3062个；通过在制度层面明确村庄36项依法履行职责事项和40项协助政府工作事项，推动村庄自治职能归位。

综上可知，桐乡"三治融合"治理实践探索主要涉及基层党组织、基层行政组织、乡村自治性组织。这些组织机构尽管组织性质、功能定位、权力来源、权力取向都各不相同，但是并未造成组织交叉、组织覆盖、组织挤压、组织错乱等"组织叠加效应"，而是在具体治理实践过程中实现了党、国家与社会三大主体在乡村治理场域的有序互动、有效协商、有力合作，避免了乡村治理主体的越位、缺位、移位问题，政治、行政与自治功能也因此实现有机组合，走向互嵌、融合与共生，且政治功能与行政功能起到乡村自治的培育作用。总的来说，桐乡"三治融合"治理实践成为构建乡村治理共同体的有益尝试，是对新时代"党委领导、政府负责、社会协同、公众参与、法治保障"的社会治理体制在乡村基层的生动写照。

（2）复合化治理规则：正式规则与非正式规则的有机结合与优势互补

在桐乡"三治融合"治理实践中，村规民约、熟人规则、礼治传统、教化手段等非正式规则成为实现乡村善治的有效方式。非正式规则的积极意义在于能够在较小治理成本的前提下取得良好治理成效。村规民约是桐乡基层治理实践中最为常见的非正式规则形式。村规民约是由乡村基层社会成员所共同制定的一套社会行为规范，本质上属于自治性规范。这一规则的治理逻辑在于以乡村社会普遍认同的伦理道德为引领，形成舆论制约机制，促使基层社会成员形成遵从行为。在桐乡乡村治理实践中，村规民约发挥着广泛效力，一方面原因在于村规民约是运行在法治轨道上面的，无论是村规民约的治理内容还是具体实施都符合法律规定；另一方面原因在于它的治理内容是在充分吸纳民意，经广大村民反复讨论基础上形成的，契合乡村治理的现实需要。

在桐乡"三治融合"治理实践中，村规民约主要用在规范日常行为、维护公共秩序、保障群众权益、调解群众纠纷、引导民风民俗。在调研期间，桐乡市凤鸣街道的一位基层干部为我们举了乡村民约发生效力的一个典型例子。联庄村最初制定村规民约的目的在于整治脏乱差的村庄卫生环境。因此，村规民约的部分内容是"讲卫生，美环境；护生态，保长利；倒垃圾，不随意"。后来，联庄村卫生问题得到了妥善解决，就把推广垃圾分类的内容加入了村规民约之中。与凤鸣街道的联庄村不同，崇福镇上莫村则将文明餐桌相关规定正式写入村规民约。根据崇福镇一位副镇长的论述，上莫村制定村规民约的主要目的是遏制附着在婚丧嫁娶、满月上梁等人情仪式上的不良攀比风气，向广大村民传递勤俭节约的良好社会风尚。在上面案例中，村庄村规民约能够得到有效执行，固然离不开村庄干部的强力推动，但根本上还是村规民约直面广大村民的治理需求，得到了他们的普遍认同与切实拥护。

相较于以村规民约为代表的非正式规则，法治是正式规则的主要代表形式，是建构乡村治理秩序的底线规则与根本准则。将法治要素融入乡村治理，实质上是发挥法治在乡村治理过程中的引导、规范与约束作用。不同于传统法治下乡的主要目标在于通过强制性惩罚打击违法犯罪行为，维护基层治安秩序，在桐乡"三治融合"治理实践中，法治的主要功能在于培养乡村治理的法治精神。法治精神是构建乡村治理秩序与稳定治理局面的理性精神。根据桐乡市委政法委官员的介绍，桐乡市的法治建设侧重于加大法治宣传教育、法律知识普及，促成治理主体在乡村治理过程中养成自觉尊法守法学法用法的良好习惯。

一方面，桐乡市以完善普法守法新机制为抓手大力推动民主法治村建设。通过引入社会力量在社区组建"法治驿站""义工法律诊所"等基层组织，壮大普法力量；组织推进"法律进景区""法律进楼道"等活动，提升基层群众的法治意识与观念。目前桐乡全市登记、备案的社会组织已有3062个；通过在制度层面明确村庄36项依法履行职责事项和40项协助政府工作事项，推动村庄自治职能归位。另一方面，桐乡市通过政治法律资源，相继建立市、镇、村三级法律服务团100个。每个服务团包括4名成员，主要由公检法相关领域的从业人员组成，全年提供以法治宣传为核心的法律服务不低于6次。

总体而言，桐乡"三治融合"治理实践既充分发挥非正式规则在乡村治理中的治理效能，同时也有效利用正式规则对于构建乡村治理稳定秩序的积极作用。在这一治理实践中，传统与现代、非正式规则与正式规则不是截然对立的，而是二者实现了有机结合，优势互补。更为重要的是，在此基础上，二者也在不断趋向融合，这方面的典型例子是桐乡在修订村规民约的过程中既充分吸纳了法治精神、法治理念，也充分汲取了德治元素。进而言之，桐乡"三治融合"治理实践能够取得良好治理成效，主要原因就在于在乡村转型发展阶段，桐乡地方政府共同应用正式规则与非正式规则的同时消解了它们之间的内在紧张与不兼容关系。

第四节　推进法治建设，构建科学基层社会治理法治体系

一、完善基层社会治理基础性法律体系

围绕以人民为中心等在内的基本内涵，全面加强社会治理等方面基础性法律规范的立法，增强基层社会治理法律制度的系统性与针对性，保证法律实施的统一性，为基层社会治理提供坚实的法治保障。

（一）完善社会重要领域立法

一是以公民基本权利维系和国家公权力规范及制约为重点，明确基层治理主体的权力边界，确定基层治理的程序规则，统一行政执法标准，规范权力运行机制，使治理主体在法定范围内充分发挥各自职能；明确基层治理的自治范围，避免基层政府直接领导基层自治组织，干扰基层自治，减少直至消除权力对基层社会事务的不当干涉，推进基层社会治理有序进行。二是强化对基层社会公共安全防控制度的建立完善，特别是要结合各地社会综合治理形势和经验，由各级人大和政府出台适合本地实际的社会公共安全防控配套基础性规范制度，要避免政府部门之间因存在权责规定不清而导致出现"推诿扯皮"情形，无法有效开展关系到公民生命和财产安全等基本权利的社会公共安全防控工作。三是完善包括社会保障等在内的基层民生方面的立法。不断完善民生领域立法，着力构建民生保障体系，确保关系到人民群众住房、养老、医疗等基本生活保障的制度能够平等地落实到每一位公民，让人民享有更舒适的居住条件，更可靠的社会保障、更高超的医疗技术等，不受个别领导人意志的变化而有所差别，减少人治因素对基层民生事项的不当干涉。

（二）与时俱进适用正式法律规范与村规民约

村规民约因其具有本土性特征更易被人接受，拉近人们之间的距离，正因法律规范的国家法以这些风俗习惯等非正式制度作为铺垫，才能更好地融入基层社会中。立法要以人民为中心，反映人民意志，重视村规民约的建设。健全基层法律法规治理体系，要求正确对待正式法律规范与村规民约的关系，既重视国家法，又重视村规民约等民间法的软法治理方式。村规民约具有良好的群众基础，各地应当结合本地的具体实际情况，在国家法的框架下制定村规民约、居民公约等，减少国家法与民间法的冲突，共同推进基层法治化建设。

二、推进基层社会治理实施主体的依法治理

（一）加强基层法治政府建设

基层政府处于我国行政管理体制的末端，最直接面向广大人民群众，直接关系到广大人民群众的意志落实与利益实现。建设基层法治政府，是实现基层民主的主要途径，是实现基层社会治理法治化的关键。

第一，制定出台以法律法规为背景的量化标准。加强基层执法队伍的法治建设，由国务院科学确定一个可执行的标准制度，规定基层政府执法队伍的职位和法治专职工作人员的编制，组建一支以法律法规作为内在准绳的执法队伍，从严管理执法队伍。

第二，创新高素质法治人才培养机制，加强和改善法治人才的引进与培养，组建高水平的法治人才培养专家队伍，建立规范化的法治人才培养系统，加强对基层领导干部和执法人员的法治教育培训，对新入职的执法人员进行法治培训，提高其法治素养，尊重宪法与法律权威，自觉以法律规范自己的言行，构建法治人才数据库，提升基层执法队伍的法治化与专业化水平。

（二）支持社会组织规范发展

社会治理在强调社会权力由公民等社会主体依法独立行使的同时，同时

也注重由公民等组成的行业协会、基层群众性组织等社会组织来代表公民独立行使社会权力和调整社会关系，一方面可以凝聚公民力量，防止单个公民难以对抗强大的公权力，另一方面还能够在降低社会权力行使成本的同时，提升社会权力运行的规范化和专业化水平，防止社会权力被滥用。社会组织作为补充体制失灵的重要保障，可以发挥市场主体所不具备的功能。

是连接政府、社会与公众的桥梁，良好的社会组织有利于加强基层民众之间的沟通，培养基层民众的公共精神，加强不同社会阶层的合作，培育社会资本，强化基层社区联结纽带，为政府失灵情况下的基层社会治理提供有效的保障与制度补充。当前在政社分开与去行政化的大环境导向之下，基层政府通过多种办法如购买服务与政策扶持等发展基层社会组织，使得社会组织在社区养老、亲子教育等方面发挥重要作用。

第一，鼓励支持社会组织发展。明确政府、市场、社会之间的关系，建立职责明确、政社分离、依法自治的社会组织管理体制机制。鼓励社会组织尤其是非营利性公益社会组织发展，充分发动社会组织积极性，建立政府、社会组织、社会大众平等合作与广泛参与伙伴关系，促使社会组织真正成为为群众提服务、为百姓反应诉求的现代社会组织系统。

第二，引导社会组织发展。加强社会组织的培育管理，创新社会组织管理机制整治其体制与治理结构，减少其发展无序现象，促使其良好发育。政府引导培育一批专业化、法治化的基层社会组织，保证其充分发挥治理作用的同时进行科学的规范与制约，提高社区工作者的能力水平与素质，如发展人民调解组织，选拔聘任法律专业人才担任调解员，同时邀请不同专业知识的人才参与人民调解工作，提高人民调解队伍的能力水平。同时加强与本社区联系，加快城乡社区的服务管理体系，有效发挥基层社区作用，更好地服务与管理基层民众，实现法律效果与社会效果的统一。

（三）完善公众依法参与治理机制

依法自治是基层社会治理的实践基础。脱离了这个基础，基层社会治理就成了无源之水、无本之木。公民作为社会力量的重要组成一员，不应该是基层社会治理的被动受体，而应是基层治理过程中重要参与主体，在推动基层法治化治理进程中起到重要地位与作用。基层社会治理也需要社会成员的广泛共同参与，这也是提高基层政府决策民主性的重要途径。这就要求政府由管理者的身份向为参与者转变，将广大人民群众与社会组织吸收进来，进而形成基层社会治理主体的多元化。

充分尊重人民群众的主体地位。用完善的法律规章保障公众的知情权、参与权、监督权，从实体上和程序上，让人民群众深切感受到自己是依法自治的主人翁，激发其内生动力，变"要我治理"为"我要治理"。以法律的形式建立多方议事协商机制。把"四议两公开"法律化，使党支部提议、两委会商议、党员大会审议、村民代表大会决议、过程公开、结果公开的自治制度，上升为党内规章和自治法律。

鼓励支持社会公众积极参与基层治理，多开展类似"村民说事""民主恳谈会"等民主协商活动，丰富民主协商形式。充分发动群众广泛参与，健全民主协商制度化渠道，吸收民众参与到基层公共事务的决策中，提高决策质量，带动基层民主政治发展，增强社会活力，保障落实社会大众的知情权、参与权、表达权和监督权，让公众参与基层治理，在参事议事中化解基层矛盾。

三、完善基层社会治理法治化的实践机制保障

制度的生命力在于执行。在持续推动执法机制、社会矛盾纠纷调解机制变革基础上，基层社会治理还应注重法律顾问机制和普法机制、法治示范创建机制、法治力量下沉机制的应用和普及。

（一）推广法律顾问机制和完善普法机制

在法律顾问机制层面，遵循推进全面依法治国的基本要求，在区县级政府及其职能部门、乡镇政府全面推广法律顾问制度，通过纯公益、政府补贴、

市场化运作等形式聘请专家学者、资深律师等专业人士担任法律顾问，提高基层治理决策水平；充分发掘政府内部法制工作力量优势，为社区和农村"一对一"精准配备法律顾问，解决基层社会治理中的基本法律问题。在普法机制层面，强化法治文化广场和法治礼堂建设，突出法治标识和法治仪式建设，与地方特色文化、群众文化、行业文化等有机结合，以喜闻乐见和易于接受的形式开展普法工作。

（二）完善法治示范创建试点机制

按照法治政府建设示范创建的指标要求，结合基层政府社会治理法治化的基本经验，推动基层政府开展法治政府综合示范创建或单项示范创建活动。深化示范创建试点机制改革，鼓励省级政府牵头开展"民主法治社区"和"民主法治示范村"创建工作，直接激活基层社会治理法治化的活力。

（三）理顺法治力量和法治资源的下沉机制

基层处于社会治理体系的末端，特别是农村或社区治理多具有烦琐性、综合性和突发性的特征，法治力量和法治资源下沉成为影响治理效果的重要因素。第一，要推进区县政府职能部门职能职责向乡镇延伸，通过充实人力资源或技术赋能等方式承接乡镇执法、法律援助、戒毒和司法矫治等职责，实现社会治理和法律服务的下沉。第二，要深化"放管服"改革，明确区县政府和乡镇政府的事权，依法依规向乡镇放权赋能，下放治理权限和配套资源，增强基层社会治理的自主性和积极性。

（四）建立社会治理法治化的基层减负保障机制

"上面千把锤，下面一根钉"是基层社会治理的常态写照。临时性任务和工作安排，特别是迎检任务成为基层工作的主要事项。基层社会治理偏离主责主业，甚至与法定职责相背离。基层社会治理要取得实效则应以强化基层减负和基层社会治理共同体治理角色回归为前提，最大程度释放基层治理的时间精力，为法治力量有效推动基层社会治理提供切实保障。

附：

提升基层治理法治化水平
—— 以江苏省南京市为例

近年来，江苏省南京市建邺区司法局莫愁湖司法所坚持人民至上理念，聚焦基层社会治理难题，通过健全基层治理法治服务体系、狠抓治理环节矛盾纠纷化解工作、持续赋能"三治融合"等，不断提升基层治理法治化水平。

"三个打造"完善基层治理法治服务体系

一是打造全覆盖法治服务网络。以公共法律服务中心（站）建设为发力点，持续完善公共法律服务阵地建设。在建邺区司法局指导下，莫愁湖司法所按照公共法律服务体系建设的标准和要求，在街道设立公共法律服务中心，在13个社区设立公共法律服务站，实现公共法律服务工作站点全覆盖。同时，在公共法律服务中心（站）推行律师值班制度，为群众提供专业法律意见，开展社区法律明白人培训等。

二是打造数字化法治服务模式。司法所将数字化、智能化融入公共法律服务，让数据多跑路、群众少跑腿。在服务大厅配置法律服务机器人，通过语音问答为前来咨询的群众提供法律法规查询、法院判例查询等服务。搭建法治微信群，邀请律师、法官、民警、心理咨询师等加入微信群，为群众提供线上"一对一"或"多对一"服务。向群众推广"苏解纷"线上服务平台，该平台为群众提供智能咨询、风险评估以及法规案例查询、文书模板查询等服务，并通过矛盾纠纷分类流转、全程留痕监督、研判预警等实现线上解纷，群众动动手指就能获得零距离法律服务。

三是打造全方位法治服务机制。司法所充分融合指导人民调解、提供法律援助、进行法治宣传等司法行政职能，为群众提供高质量的"一站式"公共法律服务，实现公共法律服务从有形覆盖向有效覆盖转变。司法所还发挥贴近群众的优势，设立立法民意联系点，打通基层立法民意汇集的"最后一公里"；设立行政复议受理点，为群众提供行政复议咨询、受理、转办服务。

"三个维度"促进基层矛盾纠纷化解

一是延伸调解组织。司法所立足群众实际需求，在 13 个社区指导建立"和事佬"调解工作室，拓宽群众解纷途径，就近为群众提供调解服务。同时，积极对各调解室工作调解员开展形式多样的培训，推广"情绪疏导法""冷处理法""情感同化法"等调解方法，提高调解室的调解工作质量和水平。

二是深化队伍建设。为进一步提升街道人民调解员队伍素质，司法所结合"一社区一法律顾问一社会组织"工作试点，创新探索由1名民警、1名律师、1名司法所所长培育1名或多名人民调解员的"3+X"培育运行模式，为调解员提供业务指导和调解帮助。同时，通过定期邀请建邺区优秀调解员为街道调解员授课、组织街道调解员参加全区人民调解员培训班、开展调解员经验分享交流会等，切实提升街道人民调解员调解能力和水平。

三是强化部门联动。司法所与街道派出所、法律服务所、综治办以及建邺区人民法院南湖法庭等强化协作联动，完善矛盾纠纷联合预警、矛盾难点联合排查、群体事件联合预防处置、各项教育管理和服务工作联合开展等协作机制。在重要时间节点联合开展矛盾纠纷大排查大走访活动，通过"过筛式、拉网式"排查，切实做到矛盾纠纷"发现得早、化解得了、控制得住、处置得好"。2022 年2 月，莫愁湖司法所联合街道综治办、派出所成功调解了某小区居民与物业公司之间的矛盾纠纷。

"三项措施"做好社区矫正工作

一是信息核查多样化。司法所综合运用多种核查手段，全面掌握社区矫正对象工作生活情况。充分运用江苏省智慧矫正一体化平台开展日常监督管理，及时掌握社区矫正对象行动轨迹，确保其在社区服刑期间不脱管。充分利用蓝信全场景智能化安全协同平台，与社区矫正对象开展面对面视频通话。

依托蓝信平台建立矫正管理小组群，社区矫正对象每天在各自的小组群汇报生活工作及去向情况。

二是矫正措施分类化。根据社区矫正对象犯罪类型、性别、年龄、入矫时间及心理测评结果，结合其日常表现和周期考核情况，将社区矫正对象列为严管、普管两个类别，在一对一法治教育、谈话、走访频次上进行不同强度的教育矫正。同时，采取人性化矫正帮教措施做实做细矫正工作，有针对性地帮扶社区矫正对象。如针对因重大疾病或生活负担重造成生活困难的社区矫正对象，司法所以筹集爱心捐款等形式为其提供物质帮助；对存在心理健康问题的社区矫正对象，司法所组织安排专业心理咨询师给予其必要的心理辅导或干预。

三是循证矫正个性化。邀请专业心理机构对社区矫正对象开展心理风险评估，对风险人员开展个案辅导。以社区矫正对象犯罪类型、罪名（案由）为基础，对个别社区矫正对象进行犯因性需求测试，结合社区矫正对象特点制定个性化循证矫正方案，因人施教，实现精准矫正。如社区矫正对象张某，经过个性化循证矫正，对自身犯罪问题有了更深刻的认识，最终顺利融入社会。

第五节　强化科技支撑，推进基层社会治理智能化

随着信息化、数字化、智能化的加速发展，人们对基层治理主体多元化、手段信息化、方式灵活化提出了新要求，加快构建基层智慧治理体系，已经成为解决基层治理任务重、头绪多、难点多的有效方式。从基层治理现代化的一般规律和特点来看，大数据不仅是一种物态，更是一种应用；不仅是一种技术，更是一种思维。随着互联网及信息技术的快速发展，大数据技术正在成为全面打造基层治理新格局的重要支撑，取而代之的是大数据治理模式，这将会改变以往依靠经验分析判断事物的状况，真正将智慧化赋能于基层治

理以全面提升治理效能。

当前，智慧化赋能基层治理依然存在短板。云计算、大数据、物联网、人工智能、区块链等新一代信息技术的迭代式发展，把人类带进了"网络化""数字化""智能化"的智慧治理新时代，人类社会迈进以"智慧城市""数字政府""智慧社区"等地方实践创新为支撑的智慧社会。但是，我们必须认识到智慧化给人类社会带来巨大机遇，也面临诸多风险挑战，智慧化赋能基层治理目前依然存在一些短板。

一方面，"强技术弱人性化"理念依然存在。智慧化融入治理的目的在于实现对使用者需求的精准感知并提供精准化服务。在现实中，智慧化技术平台与使用者诉求不匹配，对人民群众需求表达和参与协商的关注较少，凸显出技术平台难以为人提供更智能服务这个核心需求。一方面表现在，因缺乏人性化设计理念导向，让其业务系统更加复杂化。如"一网通办"平台中有些网页设计首页模块多，结构复杂，难以快速找到所需界面。另一方面表现在，因过于技术化，让特殊使用者特别是技术能力较弱的需求者难以适应网站的技术要求而无从下手。

另一方面，信息系统缺乏有效整合。在基层治理智慧化的实践过程中，不同层级、不同部门彼此之间在数据整合、信息共享方面仍然缺乏有效的合作，造成"信息孤岛"现象。现实中信息壁垒的存在，使得不同政府部门不能有效统筹决策和精准为民服务。如治理所需的各项数据信息须从前端到终端的不同部门相互配合的业务流程，由于存在利益博弈，数据信息共享成为难以跨越的难关。基层尚未建成统一的数据中心，难以有效利用大数据和信息化手段，提高基层治理和服务的精确性和便利性，不能通过大数据实现对基层治理状态的全面感知、事件处置以及决策分析等，在应急治理时出现"数据用不上"的尴尬。

互联网+基层治理的配套制度不完善。数据信息系统管理制度不完善，市级、区级信息化系统太多且分散，缺乏统一的入口，内部管控系统不统一，造成各级政府管理、企业服务、居民服务混乱，不利于基层有序治理。同时，也给基层带来数据重复采集、重复报送的问题。如区、街道、各直属部门因为日常管理和服务的需要，都开发了相应的微信服务平台，过多的服务入口导致公众获取信息和办事需要关注各种不同的微信公众号，无法形成有效的统一入口，导致"居民办事不知道去哪"的情况。基层一些网站存在"僵尸版面"和"僵尸信息"，居民通过互联网获取社区服务信息的有效性和便捷性受限。

当前，党和国家高度重视基层治理实践在治理理念、工具和方法等方面的创新。党的十九届五中全会强调，要进一步推动社会治理重心下沉，为基层放权赋能，构建网格化、精细化、智能化的信息共享平台，发挥基层治理服务平台的关键作用。习近平总书记强调："系统观念是具有基础性的思想和工作方法。"坚持系统观念，是"十四五"期间国家经济社会发展必须遵循的原则之一。将系统观念运用在现实社会实践活动中，要从整体性思维出发，考虑到系统各部分的关联性和互动性。系统治理是系统观念在社会领域的生动实践。系统治理意味着社会治理领域必须遵循系统性思维、整体性原则和协同性框架。与此同时，系统治理融合最新的人工智能、大数据、区块链和5G等数字技术，旨在突破传统科层制治理范式在体制机制方面的限制，构建更为扁平化的治理结构，推动地方政府向基层放权赋能。系统治理的全新要求为社会治理整体智治模式的构建提供了政策支撑。面对不断更新变化的治理场景，如何在系统治理下结合数字化技术手段，通过治理模式的创新破解基层治理难题，提高基层治理绩效，成为社会治理领域亟待解决的关键问题。

一、完善基层社会治理智能化基础设施

（一）推进智慧化设施向农村倾斜

与城市智慧化管理相比，当前农村地区的智能基础设施水平相比还存在明显差距，市、县两级政府应依托国家"新基建"战略，统筹规划城乡智慧

社区（村）建设工作，加大对乡镇、村级智慧治理基础设施建设的投入，解决农村智慧治理"硬件不足"问题。

（二）以便民化为基本导向

是提升社区信息化应用能力，顺应社会信息化发展、完善社会治理的基本条件。要按照市域社会治理现代化的目标要求，统筹城乡社区基础设施和技术装备投入，加快一体化社区信息服务站、社区信息亭、社区信息服务自助终端等公益性信息服务设施建设和城乡社区公共服务综合信息平台建设，实现一号申请、一窗受理、一网通办，强化"一门式"服务模式的社区应用。

（三）深入推进服务设施智慧化改造工程

合理布建社区公共安全视频监控点位，推进"雪亮+"智能化应用。加强社区信息交流无障碍建设，充分考虑未成年人、老年人、残疾人等群体的基本需求和使用习惯，提供适老化和无障碍服务。优化社区智慧电网、水网、气网和热网布局，推进小区智能感知设施建设，扩大智能感知设施和技术在安全管理、群防群治、机动车（自行车）管理、生活垃圾处理等领域应用。在维护公共安全等领域，依照相关法律法规稳妥慎重使用人脸识别技术。

二、构建基层社会治理智慧化新场景

（一）集约建设智慧社区平台

因地制宜推进智慧社区综合信息平台建设，推动部署在不同层级、不同部门的各类社区信息系统与智慧社区综合信息平台联网对接或向其迁移集成。依法向社区下放政务服务审批受理权限，扩大社区政务服务事项网上受理、办理数量和种类，拓展政务事项查询、办理、反馈功能。完善电子政务服务流程，实行"前台一口受理、后台分工协同"运行模式，推动跨部门业务协同、信息实时共享。以设区的市为单位，大幅度优化精简部署在社区的业务应用系统，整合功能相对单一、相近或重复的办公类、管理类、学习类等APP，整治"指尖上的形式主义"。推进智慧社区综合信息平台与城市运行管理服务平台、智慧物业管理服务平台、智能家庭终端互联互通和融合应用，提供一体化管理和服务。

（二）拓展智慧社区治理场景

依托智慧社区综合信息平台建立健全民情反馈、风险研判、应急响应、舆情应对机制，提升社区全周期管理水平。全面推进"互联网+社区党建"，推动社区党建工作和党员管理服务信息化，做好网上群众工作。优化社区网格管理平台，推行"社区输入+网上推送+部门响应"工作模式，健全即时响应机制及时回应群众诉求。搭建社区灾害风险预警模型，发展实时监测、智能预警、应急管理和疫情防控智能应用，全面提升社区预警和应急处置能力。加强网络文明建设，更好满足人民群众日益增长的精神文化需求，增进居民对社区生活共同体的归属感。探索推进村（居）民委员会换届网上选民登记、社区协商、村（居）务公开、民主监督等，畅通群众参与渠道。促进智慧小区建设，拓展智能门禁、车辆管理、视频监控等物联网和云服务。

（三）构筑社区数字生活新图景

依托智慧社区综合信息平台，创新政务服务、公共服务提供方式，推动就业、健康、卫生、医疗、救助、养老、助残、托育、未成年人保护等服务"指尖办""网上办""就近办"。聚合社区周边商超、物业、维修、家政、养老、餐饮、零售、美容美发、体育等生活性服务业资源，链接社区周边商户，建设便民惠民智慧生活服务圈。大力发展电子商务，探索建立无人物流配送进社区，优先开发符合"三农"需要的技术应用。推动社区购物消费、居家生活、公共文化生活、休闲娱乐、交通出行等各类生活场景数字化，支持村（社区）史馆、智慧家庭、智能体育场地等建设，打造多端互联、多方互动、智慧共享的数字社区生活。强化数字技能教育培训服务，助力未成年人、老年人、残疾人共享智慧生活，消除数字鸿沟。

三、运用好基层社会治理智能化新手段

（一）加快科技与治理深度融合

按照分级分类推进新型智慧城市建设要求，以智慧社区综合信息服务平台为支撑，整合区域内的人、地、物等信息，统筹公共管理、公共服务和商业服务等资源，提升社区治理和小区管理现代化水平，促进社区生活智能化。实施"互联网＋社区"行动计划，运用社区论坛、微博、微信、移动客户端等新媒体，引导社区居民密切日常交往、参与公共事务、组织邻里互助，完善网络协商和网络问政的制度化渠道，推动建设人人有责、人人尽责、人人享有的社区治理共同体。

（二）注重运用大数据治理手段

加强社区治理大数据应用的顶层设计，积极引导政府信息、市场信息和社会信息等数据资源的整合，促进大数据跨地区、跨领域和跨部门的开放共享，逐步建成各种信息交互融合的城乡社区治理大数据平台。基层政府在社区管理中要树立大数据思维，加大相关硬件设施投入力度，提高基于大数据和大数据技术，在公共服务和社会管理中采集、储存、分析数据的能力。通过对社区治理数据的实时分析，为社区社会治理和民生服务提供数据支撑，打通社区治理的"神经末梢"，让城乡社区治理"最后一百米"更畅通。

（三）推行区块链技术集成应用

区块链技术的集成应用在新的技术革新和产业变革中起着重要作用。在社会治理中，区块链提供了一种让公民更多地参与到社会治理中的方式。要从与老百姓切身利益直接相关的公共服务供给入手，积极推动区块链技术在卫生、计生、教育、就业、养老、慈善、社会救助、精准脱贫等领域的应用，通过社区居民自助服务改善政府的管理和服务方式，塑造"服务-治理"的新型关系，为社区居民提供更加智能、更加便捷、更加优质的公共服务。要探索利用区块链数据共享模式，实现政务数据跨部门、跨区域共同维护和利用，

促进业务协同办理，为社区居民提供更好的政务服务体验。

完善社区管理和服务机制。科技手段在社区治理中的深度应用将从技术层面促进社区治理转型，而技术是与组织、制度等社会因素相互影响、相互制约、相互建构的。在发挥科技支撑作用的同时，要从观念、组织、标准、制度等多层面综合施策，确保社区治理智能化行稳致远。

附：

整体智治：基层治理模式创新的新路向
——以浙江省"大综合一体化"行政执法改革为例

整体智治范式是基于整体性治理理论的进阶和升级而提出的，以公众需求为治理的价值导向和逻辑起点，更加注重以融合现代信息技术手段作为治理工具，治理结构趋向于跨层级、跨部门的扁平化结构，通过构建整合、协同、综合、系统的治理机制，解决权责分散等治理碎片化问题。具体而言，整体智治的"整体"在政府治理领域体现为整体性思维，通过组织间横向与纵向的组织权威再分配，合理配置不同部门、不同层级的治理权限，系统协调不同机构和部门的职能，借助跨部门的流程再造和数据共享，形成综合性、一体化的治理平台和治理模式。"智治"是指政府数字化转型背景下的智慧化治理，重点强调数字资源的应用和共享，通过提升数据资源利用效率来加强政府部门之间的职能整合。数字化转型背景下，整体智治成为现代政府的新形态，它不仅是政府治理的有效工具和综合性制度框架，更是一种新的治理手段和治理理念，推动着各级政府政务改革不断向纵深发展。

在政府治理场域，实施"大综合一体化"行政执法改革，旨在解决基层政府职能分散、职权分割和职责交叉等管理碎片化问题，实现综合性、系统性治理。按照职能整合的思路，"大综合一体化"行政执法改革注重从组织结构上对行政体制进行改革，在体制机制、组织架构、方式流程、手段工具等方面进行整体重塑，重点是完善执法权的整合和重新配置。

浙江省作为全国唯一的"大综合一体化"行政执法改革试点省份，将整体智治的治理模式运用于综合行政执法改革，以数字化改革引领推动行政执法全方位变革、系统性重塑，先行先试为基层放权赋能，探索更完整、更高效破解基层治理困境的方案。在试点中，地方政府致力于树立数字化思维、运用数字化技术来实现体制机制方面的治理模式创新，打造整体智治、高效协同的现代数字政府。2022年1月1日，浙江省率先施行全国首部省域综合行政执法的创制性立法——《浙江省综合行政执法条例》。该省通过职能整合实现组织权威再分配及整体智治下的"治理重心下沉"，推动横向到边、纵向到底相结合的多跨协同（即"跨领域、跨部门、跨层级协同"，下同）治理。推出的改革措施直击基层治理的痛点，着重强调系统性、全面性、重塑性和协同性，构建了"审批—监管—处罚—监督评价—政策反馈"的全流程闭环，为整体智治模式提供了具体的实践样本。

在治理理念上，以整体智治模式对行政执法进行制度设计和系统改革，通过整合治理资源和提升治理能力，破除长期以来治理"碎片化"的体制弊病。浙江省"大综合一体化"行政执法改革按照"大部制"理念，以治理资源的整合和协调为核心，打破"条块分割"的束缚，其实质是组织正式权威的相对集中和执法过程中的交易成本的降低。具体而言，横向上进行部分结构与功能的重组，将相同或相近的执法职能整合到新组建的综合行政执法局，相关职责划转到综合执法部门，统筹行使各部门延伸至乡镇街道的职权；纵向上运用科学的向下分解和向上集成方法，重塑治理流程和工作机制，运用数字化技术实现数据共享，减少重复填报录入数据等冗余工作。

在治理结构上，浙江省采用融合技术创新构建一体化智能化公共数据平台的扁平化治理结构，实现了省、区、市三级数据对街道、社区的直接赋能，形成了市、县（市、区）、乡镇（街道）、村（社区）、网格五级联动的治理格局。在治理实践中，县域治理迭代升级为"1612"工作体系框架，"1612"主要是针对数字政府建设中的数字化改革工作体系而言的。其中，第一个"1"

即一体化智能化的公共数据平台，"6"即党建统领"整体智治、数字政府、数字经济、数字社会、数字文化、数字法治"六大应用系统，第二个"1"即基层治理系统，"2"即数字化改革的理论体系和制度规范体系。县域以下实行"141"（即"一中心四平台一网格"）基层社会治理体系建设，其中，第一个"1"即县级社会治理中心，"4"即乡镇（街道）"党建统领、经济生态、平安法治、公共服务"四个基层治理平台，第二个"1"即村社网格。

在治理方法上，浙江省综合行政执法改革探索"1612"和"141"两大体系的有机贯通，即数字化改革和行政体制改革的双重嵌入驱动。纵向上推进基层向上承接省级"六大系统应用"，向下通过基层治理"四个平台"延伸直达村社全部网格；横向上结合数字技术实现"一件事"集成联办，做到"一支队伍管执法"等集成智通，实现不同层级"条线""块面"平台、应用和体制的全面贯通，通过事项增减、条抓块统和执法监管三个方面提升基层治理质效，构建整体智治的基层治理体系新模式。

（1）事项增减的整体综合。浙江省对综合行政执法事项的改革主要通过两个方面加以实现。一方面，打破原有归属部门的执法事项划分，对职能部门各类事项重新梳理整合，从而实现从职能部门划出事项的"减"与基层乡镇综合执法部门承接事项"增"的执法事项大综合。例如，衢州市常山县的25个职能部门共5160个事项，全部进行重新分类。第一类事项是划入重新组建的综合行政执法局的2255项，占比43.7%，其中，包括原综合行政执法局事项488项、拟划转事项1767项；第二类是划入五大执法领域的执法事项2658项，占比51.5%，其中，包括市场监管942项、生态环境210项、卫生健康448项、交通运输729项、应急管理329项；第三类是划入气象、税务、统计、网信、财政、烟草、司法等10个部门的事项247项，占比4.8%。另一方面，浙江省域探索赋权基层的路径，促使基层承接相关部门下放的管理权力和责任，尽可能调动更多的治理资源。按照"依法下放、宜放尽放"的原则，试点地区采取清单形式将执法权限规整划转至乡镇（街道）综合执法队统一行使，实行最大限度的跨领域综合执法。例如，衢州市进一步赋予乡镇对派驻干部的指挥协调权、考核管理权、推荐提名权和反向否决权。再如，杭州市关于此方面的改革侧重给予乡镇（街道）指挥协调监督的统筹权力，根据乡镇（街道）的实际需求、承接能力、目标一致等因素，合理拟定下放事项清单；按照下放执法事项清单，在区县层面先行整合相关部门的执法权划转到综合执法局，综合执法局再授权给乡镇（街道），下放的事项以乡镇（街道）的名义执法；通过执法事项的下放，赋予基层更多自主权，确保"看得见也管得着"，切实做到向基层放权赋能。

（2）条抓块统的深度结合。浙江省综合执法改革按照"县乡一体、条抓块统"的共性思路，大力推进特色集成攻坚。整体而言，政府将分散的管理权限通过平台贯通、应用贯通、体制贯通，深度整合专项管理模块，利用信息化技术手段串联各个职能部门，提升多元信息处理能力，强化社会风险研判预警，优化执法事项的回应和处置流程。首先，建立县乡一体的指挥机构。县以上政府成立行政执法指挥中心，实现投诉执法统一受理、执法监管力量统一调度；乡镇（街道）依托基层治理"四平台"综合信息指挥室，打通与其他相关系统的对接渠道，统筹指挥调度辖区基层站所、综合执法队等力量，提升其过滤分拨、分析研判及预警能力。其次，构建条抓块统的执法体系。行政执法指挥中心和党政办合署办公，保障专项经费，配齐配全专干力量，落实"一件事"集成联办，每件事明确一个牵头部门，构建相应的人事匹配链；研发数字化执法应用，实现智能交办，提升综合执法能力素质。最后，实行模块化管理机制。由于治理碎片化和数据"烟囱"，基层综合行政执法往往存在一定限度，必须结合模块化和集成化管理促进功能整合。例如，衢州市的"模块化"改革，以职能整合协同的大部制思路，把乡镇工作整合归类为"大党建、大协调、大治理、大执法、大经济、大服务"等六大治理功能模块，把"七站八所"所有人员及乡镇干部的相关信息纳入模块打通使用，实行牵头人负责制的模块化管理。另外，增设综合性应急管理模块，提升快速响应、联防联动的应急能力。

（3）执法监管的深入融合。执法权与监管权的权利配置问题是综合执法改革的核心问题，执法与监管在横向与纵向上的职责边界划分成为该项改革的难点和堵点。改革的关键在于理顺专业职能部门与综合执法部门的关系，综合梳理分析不同部门的执法任务、执法特点、执法流程及配套治理资源，通过监管执法体系再造、统一监管和执法标准、统筹执法力量，在执法过程中实现执法与监管的融合，提高监管和执法效率。首先，构建全覆盖的整体监管体系。浙江省通过构建整体监管体系，形成监管的有效覆盖。例如，杭州市桐庐县实行分类监管清单化，乡镇（街道）统筹基层站所和网格员，承担区域内横向巡查发现责任；行业主管部门以"双随机抽查""重点监管""行业治理"等，落实行业内纵向专业监管责任；综合执法部门以执法检查进行监管补位和监督，形成齐抓共管的整体监管网络。其次，全面推行"审批、监管、执法"全链条管理。在多个治理场景中利用"城市大脑"主动挖掘公众需求，从基层治理职能交叉、管理难度最大的高频"一件事"入手，厘清审批、监管、执法的关系，解决监管内容交叠和监管空间重叠的难题，形成监管全过程的管理闭环。例如，杭州市桐庐县已在农村建房、养老安全、餐饮安全等领域先行实践，在监管明确的前提下，推行执法"综合查一次"，进一步减少执法扰民扰企，精准高效地回应基层治理需求，从被动回应到主动治理，提升执法效率。

实践篇

第五章　基层社会治理法治化的实践论证

第一节　城乡基层社会治理实践

案例1：

上海市金山县（现金山区）宝华海湾城小区
治理法治化的探索与实践
——法治助力居民小区治理的"宝华模式"

为深入学习贯彻习近平新时代中国特色社会主义思想，充分发挥普法依法治理工作在推进国家治理体系和治理能力现代化中的基础性作用，司法部、全国普法办2019在全国开展了"全国普法依法治理创新案例"推荐评选工作确定10个案例中，上海金山宝华海湾城小区治理法治化的探索与实践榜上有名。

上海市金山区山阳镇宝华海湾城小区是2008年建起来的，集高层、别墅一体，居民1400户。入住率高、人口密度大，针对小区存在的车辆乱停放、楼道堆物多、物业费停车费收缴率低、智能道闸等设施无法使用等治理难题，小区所属金豪居委会运用法治思维，寻求镇司法所帮助，在充分尊重民意、汇集民智的基础上，发动居民群众，按照《物权法》《物业管理条例》等法律法规，重组"三驾马车"、重建工作机制、重修居民公约，实现从组织架构到方式方法再到行为规范的系统重构，推动小区治理制度化、法治化。

一、重组"三驾马车"，依法依规赋权履职

居委会、业委会、物业作为基层社区治理的"三驾马车"，承担着各项便民政策措施落地落实的责任，为群众提供越来越多的公共服务，让基层群众可以"足不出户"办理各项业务，围绕小区建立人人有责、人人尽责、人人享有的社会治理共同体，解决小区治理中存在的社区党委治理小区缺抓手、小区主体参与无秩序、矛盾纠纷想化解没核心等问题，以强化基层党组织"龙头"牵引作用为关键核心，以建立物业管理指导委员会为有效抓手，以规范业委会、物管公司运行为重要支撑，提升小区治理水平的新局面，保证工作的高效、规范、合规合法，则是摆在社区治理中的重要位置。

依法依规按照严格的程序根据影响力、协调力、执行力选优配强业委会当家人和根据业主投票结果完成对新物业的签约，是居委会创新社区治理的重要途径之一。新业委会和新物业坚持党的领导，在居民区党总支领导下，梳理存在问题并采取有效措施解决。小区治理"三驾马车"的有效重组，为宝华小区规范有序治理打下坚实基础。

二、重建工作机制，法治理念贯彻始终

建立民主决策机制，发动居民全程参与深度自治。在小区面临的居民关心的一些重大事项上，通过各种座谈会方式多次反复征求居民意见形成草案，经相关部门初审后再经1400户居民投票表决，全程保障居民知情权、参与权和表决权，确保得到最广泛的群众支持。建立专门监督机制，规范业委会权力行使。

强化监督作用，也是金山区山阳镇社区治理取得成效的经验之一。在重组业委会的同时成立监督委员会，以提出合理化建议并督促业委会落实为其主要职责，代表业主监督业委会权力行使，确保规范、民主、廉洁、透明。建立律师参与机制，强化源头预防促进依法自治。居委会法律顾问通过参与"四位一体"（居委会、业委会、物业、社区民警）会议提供法律服务。

三、重修居民公约，引导居民有效自治

宝华小区以"总则+细则"形式重修居民公约"小宪法"，经法律顾问审

核、全体业主表决通过，新版公约更加重视问题导向、突出实用性，通过重组小区治理"三驾马车"，夯实小区治理组织基础，重建工作机制，保障居民依法自治。业主利益得到充分维护，居民自治共治法治热情高涨。

宝华小区作为小区法治化治理的典型经验，被中央人民政府网站、法治日报、解放日报、新华网、中新网等二十多家重点网站、媒体进行了报道，中央依法治国办、司法部调研组也对此进行了实地调研并肯定。[①]

案例2：

河南省许昌市魏都区推进居民公约微治理
创建社区治理精细化机制

社区微治理是社区治理模式的创新，也是提高社区治理质量和水平的有效途径。社区"微治理"是指以社区为主体，发挥社区居民的作用，对社区内各项微事务进行治理。社区"微治理"，有利于发挥基层政府和社会组织的优势，更好地满足社区居民的需求，推动社区居民自我管理、自我监督、自我教育、自我服务、自我提升，从而营造和谐稳定的社区环境。规范和细化社区"微治理"的工作责任和相关措施，是推动社区治理的精细化、规范化与制度化建设的要求，也是基层社会治理法治化的重要内容。

河南省许昌市魏都区位于中原腹地，全区面积97万平方千米，人口502万人，辖13个街道办事处，共88个社区。针对魏都区一直以来存在的突出问题——"有公约没治理"，抓住创建全国社区治理和服务创新实验区的契机，围绕"微公约治理"社区治理精细化机制创新实验主题，整合社区内生资源，打造社区内生秩序，有效培育社区内生力量，聚焦解决居民的烦心事、揪心

---

① 来源：《法制日报》。
原标题：《全国榜样！金山入选"全国普法依法治理创新案例"》。

事，也提高了社区居民的幸福感、获得感、安全感。通过实施党建引领居民参与的微公约治理行动计划，探索"一盘棋"全区统筹、"一主题"创新突破、"一张网"资源联动的领导保障机制，以公约治理为突破口，重点建立居民参与机制，增强居民自治能力，推进社区协商，补齐社区治理短板，努力形成自治、德治、法治相结合的治理格局。

一、居民公约治理指标体系为建构社区良好秩序提供法治支撑。

为衡量公约治理成果，魏都区采取参与式绩效评估方法，按照过程目标和结果目标相统一、刚性指标和引导性指标相统一的原则制定了公约治理指标体系。按照"一条主线、两个视角、三级指标"的原则，设立一个一级指标、七个二级指标、十五个三级指标，各有侧重并相互衔接，用来评估微公约治理行动的效能。通过邀请第三方专业机构深入调查，组织和引导政府、社区居民委员会，社区社会组织、居民等利益相关方讨论公约治理成效、问题以及建议，并对指标按照通用性和单一性原则整理、整合、按照有效性和可行性原则进行筛选，最终结合国家和地方政策以及实际调查的内容编制完整的指标体系。

在构建指标体系基础上，魏都区对"微公约治理"依据指标体系内容对社区治理进行评估，形成成果清单进行编制，主要有：一是社区微公约清单，评估微公约的种类和数量；二是社区问题解决清单，评估微公约治理行动目的实现状况；三是社区公益项目清单，评估微公约治理行动项目落地情况；四是社区社会组织培育清单，评估微公约治理行动中居民自治状况；五是社区积分兑换清单，评估微公约治理行动中居民激励状况；六是社区资源整合清单，评估微公约治理行动中资源支撑状况；七是社会反响清单，评估微公约治理行动的社会反响度。

二、规范居民自我管理、自我教育、自我服务、自我监督的标准。

社区是社会的"细胞"，蕴含着社会"大能量"。解决好社区治理问题，将社区治理纳入到法治化轨道，有利于保障社区居民的正当权益、调动社区居民的积极性，营造良好的人居环境。实现这一目标，社区居民的自我管理、自我服务、自我监督是其中不可缺少的环节。

魏都区通过多种制度化流程使微公约运转起来，有效培育社区内生力量，整合社区内生资源，打造社区内生秩序。一些社区针对老旧小区楼道无防盗门、居民被盗问题严重频发以及居民乱搭乱建、乱停乱放、绿地仲裁等难点痛点问题，以安装楼道防盗门为小区治理切入点，引导居民参与老旧小区改造，制定楼道自管、文明养犬等微公约，形成"老旧小区改造+楼道治理"为公约治理行动。此外，魏都区通过开放空间会议形式，以实用好记为准绳，引导居民围绕楼道卫生、公共空间使用等问题制订公约，培养居民公民意识、参与意识，形成有事好商量、有事多商量的社区协商制度。主要办法：一是进行三方协商。社区通过张贴改造倡议书、发放意见表等方式征求业主意见，社区"两委"组织业主与物业公司协商相关事宜，最终达成共识；二是组建卫组织。社区"两委"将愿意参与小区改造工作的各方组织起来，成员包括社区工作人员、业委会、物业公司、业主等；三是建立微公约，维持社区秩序。社区"两委"引导业委会、居民协商制定相关的楼道自管公约、楼道防盗门养护公约等，实行事务分流管理。既解决了居民楼道管理问题，也推动了楼道居民开展邻里互助，化解了邻里纠纷，取得了好的效果。

河南省许昌市魏都区以居民协商构建社区公约，将法治规范与道德规则以公意形式贯通，完善公约执行与保障机制，在实践层面凝聚基层共识，推动了社区治理法治化建设。①

---

① 来源：全国基层干部学习培训教材《城市基层治理实践案例选编》，党建读物出版社2021年版。
原标题：《推进居民公约微治理——河南省许昌市魏都区创建社区治理精细化机制的实践》。

案例3：

山东省荣成市崖头街道抓好信用体系建设
提高基层社会治理水平的实践

2022年，荣成市崖头街道坚持将信用建设和社区治理、村级网格化管理、新时代文明实践工作相结合，全面做好基层信用管理工作，不断夯实信用基石，为推动基层治理现代化打下坚实基础。通过不断完善社区信用管理机制，坚持把信用体系建设作为加强社会治理的主要抓手，探索形成了以信用体系建设为支撑的城市治理新模式，发挥信用在化解社会矛盾、改善社会治理中的作用，推动社区治理"精细化、法治化"。2022年崖头街道各社区利用信用调解机制，成功化解居民矛盾740起，受益居民1031人，提供法律援助、法律咨询服务651次。

崖头街道围绕"六治一网"社会治理的整体思路，即强化政治引领、自治基础、法治保障、德治教化、智治支撑、信治引导作用，大力实施网格化治理提升工程。

一、社会信用体系建设，为提升了基层社会治理法治化水平提供了样板

荣成市社会信用体系建设工作是于2012年开始启动，是全国首批社会信用体系建设示范城市，该项工作也一直走在全国前列。崖头街道将信用体系建设和基层社会治理有机融合，激发社区治理内在活力。首先是做细评价标准，将居民、党员、楼（栋）长、社区工作者、共建单位党组织、社区党组织、红色物业、市场主体、社会组织等9类群体纳入社区信用评价，总结归纳信用详尽、精细、标准考评细则，把法律管不到、道德管不好的"治理死角"都纳入有效监管中；其次是做实信息审核，把社区划分为精准网格，每一个网格都配备一名网格员、两名协管员，同时招募热心居民担任楼（栋）长进行居民信用信息采集。由社区党组织牵头，请居民代表、律师等相关人员成立征信议事会对上报信息进行研究评审；再有是做活结果运用。崖头街道建成全省首家"红色信用银行",纳入市级社会信用管理系统,形成信用资源可存储、可兑现的良性循环。2022年共进行信用兑换及表彰76次,发放各类物品合计53.9万元,表彰群众9211人,同时,发动56户爱心商家入驻"信用大集(信用超市)",提供信用激励产品159个,丰富了信用激励的载体。

二、用信用激发内生力,强化了社区治理中对党员群众管理的主要手段

崖头街道把信用等级A级作为社区居民入党的前提条件,实行"一票否决"办法,对于不达标的居民不能被吸收为中共党员。在党员日常管理中,明确规定党员每年参与社区服务的信用积分不得少于5分,在疫情防控时期,更要求党员积极带头,发挥先锋模范作用。崖头街道相继在21个村改居的城市社区内成立了志愿者服务队伍,推行项目化运作与信用积分挂钩,2022年,崖头街道正式启动"'两新'聚力 助老送餐"志愿服务项目,通过信用激励将多方爱心企业联合,为社区老年居民提供免费送餐服务。这一红色志愿服务项目经由社区引导,爱心商家共同联手,旨在打通社区服务群众的"最后一公里",进一步提升了社区为老服务水平,为不断完善基层治理提供了更加有力的支持。

三、形成强大合力,保障社区信用体系建设与基层社会治理的有机结合

一是凝聚机关企事业单位力量,引导机关企事业单位党组织主动将部门职能资源向社区倾斜,发动驻区单位在职党员进行社区报到,结合驻区资源和社区需求,形成服务项目清单,将报道的情况纳入信用考评范围。

二是凝聚社会组织力量,创新开展了社区党组织领办社会组织模式。由社区党组织牵头注册成立社会组织,孵化成效好的,给予社区最高20分加分,每年拿出30万元资金举办党建引领公益创投活动,打造精品社会组织。

三是凝聚物业服务企业力量,把物业服务企业纳入信用管理。推行社区与物业公司"交叉进入、双向任职"机制,出台街道红色物业信用管理细则,明确19项信用加分、15项考核赋分细则,投入专项创新激励资金,定期评选表彰物业示范单位。

荣成市崖头街道探索通过社会信用体系建设这种积分制治理方式,以信用积分作为基层社会治理的抓手，形成以信用体系建设为支撑的城市治理新模式，将积分结果运用到政府服务、基层治理，提高了治理效成效。2023年，崔头街道将充分发动各种力量、链接多方资源参与到信用建设中，加强宣传激励，强化信用结果应用，提升居民的信用知晓度、参与度与获得感，进一步发挥"信治"催化剂作用，让信用真正成为推动基层治理的有力抓手，在信用轨道推动基层治理跃上新台阶。[①]

第二节　基层社会治理法治化的太原实践

案例1：

健全社区治理和服务体系法治化路径研究
——以太原市为例

社区治理法治化在多种层面上强调法治手段的规范作用，市民论、中国特色社会主义理论体系和习近平法治思想等思想理论为社区治理法治化提供了深厚的理论基础。多年来，太原市加快了社区治理的改革的进度，社区治理法治化建设机制初步形成，积累了宝贵的经验，同时也面临顶层设计不足，法律障碍依旧存在、社区治理中的行政化倾向明显社区治理中的法治功能发挥不足等问题。为此，我们应以制度建设营造良好环境、清晰各主体权利义务关系、提升社区干部和居民运用法治思维解决问题的能力、加强社区法治人才队伍培育，让太原市以及全国的社区治理法治化工作不断持续健康发展。

[①] 来源：全国基层干部学习培训教材《城市基层治理实践案例选编》，党建读物出版社2021年版。

一、城乡社区治理和服务体系现状分析

（一）我国社区治理和服务体系构建的历史发展在一定的地域范围内，人们聚居在一起，形成社会共同体，这就是社区。根据治理理论，在一定的地域范围之内，政府与社会组织、公民一同参与对社区公共事务的管理活动，就是社区治理。2001年，民政部在《全国城市社区建设示范活动指导纲要》中将社区治理的内容归纳为五个方面，即"改革社区管理机制和运行机制、完善社区各项制度、加强社区队伍建设、拓展社区服务范围和质量、增强社区居委会和居民群众的自治意识和能力"。随着从管理到治理模式的演变，单位制的解体，社会主义市场经济的不断向纵深推进，社区治理也越来越发挥着重要的作用，而且社区治理也呈现出政府与社区互动的模式。如何探索社区治理，实现怎样的社区治理，成为我们时代的重要问题。

在新中国成立后，我国建立了街道、居委会等组织形式，确立了基层社区的模式。在之后的发展中，我国的单位制呈现出强化的趋势，单位进行了包含住房、福利等各方面全方位的管理，政府的行政力量也延伸到末端的社区当中。基层社区组织的作用相应地弱化，行政化的程度较深，自治性没有得到很好的发挥。随着改革的步伐开启和不断走向深入，传统的单位制不断走向解体，由单位所管控的社会空间得到一定程度的释放，这一新的社会空间需要新的变革。"社区"作为一个新的概念被关注和重视，我国制定了《民政部关于在全国推进城市社区建设的意见》等政策文件，指出"社区建设是指在党和政府领导下，依靠社区力量，利用社区资源，强化社区功能，解决社区问题，促进社区政治、经济、文化、环境协调发展，不断提高社区成员生活水平和生活质量的过程。"这表明，我们的社区建设着眼于社区各个方面的全面协调发展，最终意在使得全体社区成员的生活品质得到真正的提高，社区建设进程不断推进，模式不断发展演变。最初，社区治理模式呈现出政府主导的特点，在这一时期，政府是在社区治理当中发挥最主要力量的主体，社区自治组织的独立性和权限都受到约束，居委会的运行都受到上级部门的全面约束。在行政部门之外，社会组织力量的发挥也得不到支持和保证，居民的自治意识和能力也没有被培养起来。随后，我们由政府主导型社区走向合作型社区，在这一时期，政府和社区组织以及社区内的社会组织形成合作共治的局面，这是基于政府进行一定程度的权力下放来实现的，政府与非政府组织之间的关系开始发生变化，单位承担的传统职能开始向社区转移。未来，我们还要进一步向自治型社区治理模式去转变。

（二）社区治理和服务体系法治化的内涵和特征

相对于单纯的、传统意义上的社区治理，社区治理法治化具有更新的和不同意义上的特点。社区治理法治化更加强调法治手段的规范作用。在党的领导下和法治的引领下，参与社区治理的各主体通过多种途径参与到管理活动当中，处理各项事务，这就是社区治理法治化的基本内涵。在单纯涉及社区治理的内容之外，社区治理法治化还包含着更加丰富的内容，涉及更多的层面，例如制定和完善和社区相关的法律、在社区中体现更多法律服务的职能、将法治意识和法治思维根植到社区居民的思维方式当中、用法治的方式化解矛盾、促进居民自治，等等。

在发展过程中，我国的社区治理法治化也呈现出一些特点。首先，我国社区治理法治化呈现出渐进式的特点。在总体框架的指导下，各地如上海、武汉有步骤地探索自身的社区治理法治化模式，形成了独具各自特色的社区治理法治化道路。其次，我国社区治理法治化呈现出更多依靠软法治理来实现的特点。法律的"硬"和"软"取决于是否依靠国家的强制力保证实施，而软法在各方面都呈现出更为灵活的特征。它并非一定要靠国家机关来制定和保证实施，而且在制定过程当中涉及的范围更大，民众的参与度更高，例如建议、意见、倡议等规范，这些情况就决定了它更容易与社区居民的生活发生更加紧密的联系，也更容易得到大家的认同。这些特点就决定在化解矛盾、调解纠纷的方面软法具有天然优势，在社区治理当中也得到了更为广泛的运用。第三，我国社区治理法治化呈现出政党主导和政府推进型的特点。历史地看，中国共产党作为使命型政党有着运用政党引领社会取得革命胜利和社会主义建设成就的光荣传统，在社区的形成和治理过程当中，也都呈现出政府主导推进的色彩。民政部等部门牵头发布了一系列的政策和意见推进社区治理和社区治理法治化的进程，起到了推动作用。在今后的时期当中，我们要更注重从自治的方面去推进社区治理法治化，发挥自治基础的作用。

在社区治理法治化的进程当中，城市社区体现着基础性的作用，当前社区治理法治化工作的重点也在于通过城市社区居民自治在每一个环节实现法治化的要求，落实《中华人民共和国城市居民委员会组织法》，社区居委会和社区居民都要懂法用法，社区承担的各项职能也要在法治框架下被厘清。

二、城乡社区治理和服务体系法治化的理论逻辑和价值拓展

（一）市民论理论基础

市民社会理论是社区治理法治化的重要理论基础。"市民社会"最早是由亚里士多德在《政治学》中提出的，亚里士多德使用这一概念来意指一种相对独立的社会共同体，在他那里，市民社会就是一种城邦（polis），人类脱离野蛮状态，进入有组织的文明社会，让公民能够实现政治活动。古希腊关于市民社会的思想逐渐演变成为与"自然状态"相对立的状态。卢梭是首先将市民团体与政府进行区分的学者。到了黑格尔那里，他拒绝了可能是虚构的自然状态的理论模式的影响，将社会划分为国家、市民社会、家庭等三个主要组成部分。市民社会是在国家之外主要由劳动需要体系、市场运行制度体系等所构成，处于中间地带，代表着私人与公共利益之间的交流与博弈，也充斥着人与人之间利益较量的竞争。而国家的角色就是要有力地整合混乱的私人利益，以法律为基础，弥补市民社会的缺陷。

90年代始，我国的基层治理模式也发生了重要的变化，从单位制的深度介入到单位制逐步演变和解体，这引发了我们对国家与社会之间关系的重新认识。政府从全能型的政府向有为政府转变，重视对社会力量的组织与培育，行政管理体制深度变革，市场与社会的力量得到高度的重视。市民社会的理念在当今时代成了培育社会、建设中国特色社会主义法治体系、促进社区治理及社区治理法治化的重要理论基础。

（二）中国特色社会主义理论体系和习近平法治思想

中国特色社会主义理论体系创造性地提出了一系列新的重大理论观点和战略思想，从而实现了马克思主义中国化的历史性飞跃。中国特色社会主义理论体系是开放的、与时俱进的，为我国当前社区治理法治化的工作进程提供了重要的理论指导，厘清了发展的方向与任务。

习近平法治思想是习近平新时代中国特色社会主义思想的重要组成部分，习近平总书记高瞻远瞩，提出以"十一个坚持"来推进全面依法治国。这不仅助推了党的十八大以来党不断推进政党法治化建设的工作，也深入回应了我国法治建设进程当中的一系列重要问题。这体现了当前我国社会主义法治的方向纲领和基本要求，这一系列重要思想和战略部署也贯穿于社区治理法治化的建设过程当中。在这当中，法律体系提供基础保障，法律监督制度也促进着社区治理的正常健康运行。坚持党的领导，坚持以人民为中心，坚持在法治轨道上推进国家治理体系和治理能力现代化等思想，都是我们在推进社区治理法治化工作当中的应有之义，基层社会治理是国家治理体系和治理能力现代化的基石，也必然要在法治轨道上去推进。同时，在推进社区治理法治化的过程中，也要努力形成"完备的法律规范体系、高效的法治实施体系、严密的法治监督体系、有力的法治保障体系"，坚持建设社区治理当中高素质的法治人才工作队伍，抓住关键少数的模范引领作用，在社区治理当中不断提高他们运用法治思维和法治方式深化改革、推动发展、化解矛盾、维护稳定的能力。

三、太原市社区治理法治化建设的实践论证

太原市作为山西省省会城市，在社会治理方面走在了全省的前列。多年来，太原市将社区作为社会治理的突破口，加快了社区治理的改革的进度。特别是以党建为引领，以社区自治组织依法自治为核心，在全市758个社区中全力强化社区治理法治化建设并取得了一定的成绩。当然，受传统社区管理模式惯性的制约，太原市在社区治理法治化建设上仍然存在许多问题。总结太原市在社区治理法治化建设方面的经验教训，对于寻找太原市社区治理法治化的实现路径有着重要的意义。

（一）太原市社区治理法治化建设机制初步形成

太原市社区治理法治化建设总体上面临着由传统社区行政化管理模式向多元化主体共同治理、以社区居民自治为特征的现代治理新模式的转变，以实现社区治理向法治化迈进。为此，多年来太原市坚持以实现社区依法自治为目标，创新发展治理模式，加快法治化建设步伐。

1. 社区治理法治化建设的基础初步形成

实现社区治理法治化，必须建立一套科学的、完整的关于社区治理的多位阶强有力的法律体系，使社区治理的组织机构、职责权限、程序机制、绩效评价等各个方面都能够做到有法可依、有章可循。从新中国成立之后，特别是党的十八大之后，我国先后颁布了一系列与社区治理相关的法律法规：1954年《中华人民共和国城市街道办事处组织条例》《中华人民共和国城市居民委员会组织条例》的颁布，是为了适应新中国城市的管理的要求，也为我国城市社区管理开辟了法治的先河。改革开放之后，市场经济体制的确立使得社区管理工作发生了重大变化。1989年我国颁布了《中华人民共和国城市居民委员会组织法》，为进一步规范地方社区治理，2003年国家颁布实施《物业管理条例》，2017年6月，中共中央、国务院出台了《关于加强和完善城乡社区治理的意见》，2020年5月，中共中央、国务院又制定了《关于加强推进社会治理现代化开创平安中国建设新局面的意见》。这一系列规章条例，为太原市社区治理的地方立法提供了依据，根据山西省委、省政府出台的《关于加强和完善城乡社区治理的实施意见》，为全面提升城乡社区治理法治化、科学化、精细化水平和组织化程度，打造共建共治共享的社会治理格局，2018年太原市委、市政府先后下发了《关于进一步加强和改进社区建设工作的意见》《关于加强和完善城乡社区治理推动社会治理重心下移的实施意见》《关于加强全市城乡社区协商的实施意见》《关于推进太原市社区公共服务综合信息平台建设的实施意见》等规范性文件。2021年7月1日起施行《太原市城乡社区治理促进条例》是在社区治理中贯彻落实新发展理念的重大成果和创新举措，在省内乃至中西部城市中处于领先水平。《太原市城乡社区治理促进条例》的颁布将使太原市城乡社区治理工作有法可依、有规可循，向社区治理法治化向前迈进了一大步，对于太原市社区建设、社区治理、社区服务在"十四五"乃至更长时间实现整体性的突破具有重要指导意义，标志着太原市社区治理立法走向专业化。

2. 社区治理法治化积累了宝贵的经验

太原市在社区治理法治化建设方面做了大量的工作和创新，进行了"雪亮工程""三社联动""六化驱动"等诸多的改革实践。充分发挥法治在社区治理中的保障作用，注重运用法治思维和法治方式破解社区治理难题。太原市金刚里社区"杨蓉警务室"，是太原市公安局首批以个人名字命名的警务室。2010年，民警杨蓉亲手创办的"杨蓉网上警务室"在全市率先上线运行，成为平安社区建设的"千里眼""顺风耳"。太原市金刚里社区总面积0.24平方公里，是20世纪80年代建成的一个开放型社区，素有"难干、难管、难防"之称。就是这样一个"三难"社区变成了公安部部长都"点赞"的"零上访、零发案"社区。金刚里社区能够保证连续27年"零上访""零非访"，就在于推行了"活化赋权，多方联动"的社区法治化建设。依托警务室这个平台，和驻社区法官、检察官配合，发动社区治安志愿者成立了联调室，多方联动化解矛盾纠纷，逐步形成了坚持"抓早、抓小、抓苗头"和"以情感人，以理服人，人性化调解"的工作特点。太原市迎泽区2019年成立了迎泽区矛盾纠纷多元调解中心，迎泽区人民法院主动融入党委领导下的综合治理。庙前人民法庭入驻迎泽区矛盾纠纷多元调解中心，运用科技支撑，为群众化解矛盾纠纷提供一站式服务，实现诉调无缝对接。太原市小店区亲贤社区坚持党建引领，多元参与的社区治理原则，以法治文化化解基层矛盾，筑牢基层治理的支撑点，由律师团队和小巷管家共同组建"法治诊所"，社区成立"和事佬调解室"，将发生在社区内的各种矛盾化解在萌芽状态，实现了以法治方式指导和化解矛盾和纠纷。

（二）太原市社区治理和服务体系法治化面临的现实困境

社区治理法治化的核心，是要实现社区居民的依法自治，太原市社区法治化建设虽然开辟和创新了许多治理模式，但就整体来说，法治化建设仍处于摸索阶段，许多方面存在短缺和不完善，主要表现在：

1. 顶层设计不足，法律障碍依旧存在

从国家层面来讲，尽管出台了很多社区治理的相关法律法规和规章条例，但从太原市地方实际实施的情况来看，仍然存在法律障碍。新形势下，由于组织方式、社会结构和社会矛盾的表现形式发生了变化，过去的"社会管理"模式向今天的"社会治理"模式转变。国家虽然对于难以适应当前需求的法律法规做了立法层面的修改，例如2018年12月29日第十三届全国人民代表大会常务委员会第七次会议通过了修改《中华人民共和国城市居民委员会组织法》，但所制定的内容依旧是原则性的，实际操作存在困难。各个地方在工作中也制定了一些较为详细的地方性法规，但很多领域还是存在立法空白，很难规范社区治理各个方面。太原市在这方面的立法更是存在滞后问题。2021年的《太原市城乡社区治理促进条例》开启了社区治理法治化的新道路，为社区"赋权"，激活社区自治功能；为社区"减负"，推动社区善治进程，对共建共治的有成效的模式予以立法上的确认，但依旧存在有空白之处，特别是物业管理这一方面的问题尚未纳入到法治轨道。

2. 社区治理中的行政化倾向明显

目前，很多社区还是被作为行政体制的附属和街道办事处的再派出机构，承接政府管理重心下移的各类行政工作多达百余项，除此之外还要应对需要上报的各种台账、报表、检查、评比、各部门各类调查统计，以及政府各职能单位下派的其他任务，导致多数社区居委会存在行政事务多、服务功能弱化的问题，影响了自治功能发挥。社区居委会不仅承担着社区公共服务职责，还承担着社会救助、养老服务、就业服务等服务。从治理主体上讲，单靠基层居民自治组织或政府，都无法有效满足居民日益增长的服务需求，社区功能的行政化倾向，财政上的不独立，带来的现象是社区治理中的主体多元化程度的不高，自治组织发育不全，很难做到法治、德治和自治的"三治融合"。因此，如何推广先进经验，使太原市各城区都参与到社区治理法治化建设之中，是当下面临的一个难题。

3. 社区治理中的法治功能发挥不足

按照我国现行的机制，有相当一部分法治工作是在社区中进行的，例如社区矫正、民间调解、法治宣传等，主要是依靠社区的法治功能的发挥进行工作的开展。但在实际工作中，这一部分功能并没有充分体现出来。例如社区矫正，社区矫正是将犯罪分子置于社区进行教育改造的一种非监禁刑，根据社区矫正制度的规定，对于犯罪较轻、社会危害较小的犯罪人员置于社区进行教育改造，以期社区能充分发挥其法治功能，使犯罪分子能改过自新，再次服务社会，同时也能促进社区法治建设的良好发展。目前太原市社区矫正这一项职能，社区的参与度并不高，大多还是依赖于司法行政部门，停留在对人员的分类划定上，即对被矫正人员以特殊人群进行管控，工作处于被动之中，教育感化职能没有体现。这样不利于社区服刑人员的改造和教育，社区力量参与社区矫正工作面临主观上的障碍。此外，社区治理法治功能体现不足还反应在法治宣传上，社区法治宣传手段单一，流于形式，工作中重量不重质，很难调动居民参与，并且社区法治宣传队伍专业化程度也普遍不高，普法效果事倍功半，没有给民众留下深刻的印象，无法达到法制宣传的效果。

四、健全城乡社区治理和服务体系法治化的实现路径

提升社区治理法治化的水平对于推进全面依法治国、贯彻习近平法治思想有着重要的作用。针对目前社区治理法治建设当中存在的问题，需要从制度、主体、意识、人才等几个方面来进行解决。

（一）以制度建设营造良好环境

对社区治理法治化的推进，离不开对制度环境的建设，制度的建设是根本层面的建设。强化制度建设，首先要进一步完善相关法律法规体系，为社区治理法治化的进一步推进创造条件。我国制定施行的《中华人民共和国城市居民委员会组织法》是我国目前城市社区治理所遵循的主要法律。但是，经过一定的时间跨度，在处理改革不断深化、单位制解体、社会力量培育日趋得到重视的当前的社区关系时，往往存在一定的无力。这就要求我们在法律法规的层面，在进一步厘清政府、社会、居民等各主体在治理当中的职能的方面，为法治化提供基础的制度保障。第二，善于运用社会主义市场经济的能量为社区治理法治化创造更好条件。社会主义市场经济的发展与法治的发展之间存在深刻的关联，我们应促进社会主义市场经济健康蓬勃发展，为法治建设不断深入提供有力的推动。

（二）清晰各主体权利义务关系

根据治理理论，治理的理念要求政府、街道、社区、居民、社会组织等多主体的广泛参与，共同解决问题。在推进社区治理法治化的过程当中也是如此。要在法治化的路径上继续推进，需要各主体在各自的能力范围之内分工合作，协同解决。在这个过程当中，不存在某一主体占到绝对主导的地位，而是各主体共同参与、共同解决。在这当中，首先就要厘清政府的权责有多大。曾经的全能型政府，政府大包大揽，社会空间发育不足。社区也成为政府行政力量的简单延伸，承担着大量的行政工作任务。在未来的发展过程当中，就要推进社区治理朝着去行政化的目标向纵深推进，同时进一步厘清政府、社区、物业等主体之间的相关关系，厘清职责权限，在社会利益和经济利益之间取得平衡，从而提升社区行政效率，有力推进社区治理法治化的工作。就太原市而言，深入践行《太原市城乡社区治理促进条例》第二十二条，"市、县（市、区）人民政府应当依法制定县（市、区）政府部门、街道办事处、乡（镇）人民政府权责清单。县（市、区）人民政府应当组织制定居（村）民委员会承担社区工作事项清单、协助政府的社区工作事项清单以及社区工作事项负面清单，切实减轻居（村）民委员会工作负担。"

（三）提升社区干部和居民运用法治思维解决问题的能力

在具备相关的法律法规完备的条件之外，要想持续深入推进社区治理不断在法治轨道上发展，还要让社区当中的干部和居民将法治思维根植到意识深处，真正运用法治的思考模式去分析和解决具体的问题。在社区干部方面，首先要加强法治教育，提升他们的法律素养，这能够直接提升社区治理的法治水平。在居民方面，可以在社区内进行经常性的法治宣传教育，提高其意识和观念，运用发放传单、新媒体和网格员宣传教育等方式方法，营造普法用法的良好环境。再次，在社区之内组织经常性的法律服务，进一步建设与律师、法院的合作关系，形成良性互动的局面，形成制度机制。进一步充分建设社区矫正制度，重视教育感化职能的运用，在实践中发挥更大法治作用。

（四）加强社区法治人才队伍培育

一切制度的执行，一切精神的贯彻，归根结底还是要靠人，这是制度执行水平的软性影响因素。社区治理法治化的新要求也对更为专业和庞大的人才队伍提出了更高要求。要切实提升基层法治人才的能力和素质，在社区工作者招录、培训、考核的各个阶段都体现对法治素养的重视，同时，加强社区律师队伍的建设。在法学教育的层面，以习近平法治思想为指导，培育践行中国特色社会主义法治道路的优秀人才，为社区治理法治化输送源源不断的新鲜血液。

社区治理法治化是基层治理的重要内容和重要方面，对于我们推进全面依法治国工作实效的提升以及推进国家治理体系和治理能力的现代化都具有重要的意义。面对问题与不足，我们还需要从诸多方面去推进，让太原市以及全国的社区治理法治化工作都能不断持续健康发展。[①]

---

① 来源:《中共太原市委党校学报》，2022年第4期。

案例2：

全科网格化管理的太原实践

山西省太原市作为全国市域社会治理现代化重要试点城市，瞄准打造具有国际影响力的全国区域中心城市的创建目标，在省委的领导下，深入贯彻习近平总书记视察山西提出的"推动社会治理重心向基层下移"重要指示精神和"再现锦绣太原城盛景"的殷殷嘱托，全力推进市域社会治理现代化，将治理关口前置、中心下移，按照"属地管理、界限清晰、规模适度、动态调整、无缝覆盖原则"，全方位构建"一网全科"网格化服务管理格局，开展全科网格服务管理工作，为提升省会城市治理效能、建设更高水平的平安太原，奠定了扎实基础。按照"属地管理、界限清晰、规模适度、动态调整、无缝覆盖"原则，以居民小区、楼栋、自然村落以及村民小组为基本单元，科学划分了网格9375个，包括城市社区网格5282个、农村网格1660个、专属网格2433个，实现"一张网格"横向到边、纵向到底、不留空白、全域覆盖。初步探索一条符合新时代要求的市域社会治理之路，形成了具有太原特色的试点经验。

一、太原市全科网格服务管理的工作成效

1. 顶层设计，制度体系为保障

太原市委高度重视全科网格建设，将这项工作摆在全局位置来抓。太原市委办公厅、太原市人民政府办公厅为贯彻落实党的十九大和十九届二中、三中、四中、五中全会的精神，以提升基层社会治理效能为目标名义增强人民群众获得感、幸福感、安全感为出发点和落脚点，按照山西省委办公厅、山西省人民政府办公厅《关于深化网格化服务管理的指导意见》《关于看展"全科网格"试点工作的通知》的规定和要求，2020年10月制定了《太原市关于推行"全科网格"服务管理工作的实施意见》。以《实施意见》为统领，太原市委平安太原建设领导小组办公室制定《关于全科网格员选聘工作的指导

意见》《关于全科网格员薪酬待遇保障的实施意见》《关于加强全科网格员队伍管理的意见》《关于进一步加强全科网格服务管理和发挥全科网格员作用的意见》《太原市全科网格员综合考核实施办法》《关于加强全科网格员履职能力培训的指导意见》《关于全面推进"三零"单位创建进一步完善市县两级综治中心运行工作机制的实施意见（试行）》《关于加强专属网格服务管理工作的指导意见（试行）》等 8个系统性指导性文件，形成了"1+8"制度体系。为太原市"全科网格"服务管理工作的开展明确了任务和目标，建立和规范了相应的机制和措施。2021年4月山西省第十三届人民代表大会常务委员会第二十五次会议批准通过2021年7月1日起施行的《太原市城乡社区治理促进条例》，将网格化服务管理融入全市城乡社区治理体系，写入了地方性法规。建立了相应的机制，制定了相关的规定，就全科网格服务管理工作着重抓深抓实试点，突出治理重点，狠抓治理关键，整体设计并全面推行"全科网格"试点建设，全力做好试点改革。目前各项工作进展顺利，基本完成阶段性工作任务，初步形成了具有特点、特色的试点经验。

2. 精准定位，效能提高显优势

全科网格服务管理要求坚持"大治理"理念，将社会治安、信访维稳、应急管理、特殊人群服务管理等37个事项纳入网格管理范畴，确保"一网全科"高效运行。这就要求全科网格服务管理工作实行事项准入机制，建立网格管理清单，在此基础上优化治理模式。太原市制定城市基层治理重点任务清单，科学设置基层治理 20项重点任务指标，逐一明确23个单位和 10县（市、区）责任，细化 47项具体工作措施。各区、县（乡）认真贯彻落实省、市安排部署，积极探索"全科网格"服务管理的新方法、新模式，"网格+警务、网格+信访、网格+安全"等治理模式不断推出，网格越织越密、越理越细，健全"乡街吹哨、部门报到"机制，解决"看得见、管不着"问题，通过部门业务与基层治理有机融合，形成工作联动、矛盾联调、问题联治的治理格局。

太原市并州路二社区的创建的独具特色的全科网格"百灵格"、巨轮街道富力华庭社区探索建立的"1234567"七音哨工作法、迎泽区全科网格服务的"六步闭环管理"、亲贤社区"五色行动"等工作方法，精准到位、精确赋能，都是太原市全科网格服务管理可借鉴、可复制、可推广的工作方法，夯实了基层社会治理"底座"，贯通了社会治理的"末梢神经"，为群众办实事、解决急难愁盼，让人民群众的获得感成色更足、幸福感更可持续、安全感更有保障。

3. 搭建平台，数字赋能作支撑

全科网格服务管理工作的开展，目的是发挥机制优势，提高治理效能。有效解决多网多头，相互扯皮的问题。太原市全科网格服务管理以平台搭建为支撑，强化"四级联动"指挥中心的建设，到目前全市建成1个市级、10个县级、99个乡街级、1379个村社级四级综治中心体系。太原市综治中心"全科一体"实战平台，整合法院、公安、应急、城管等部门数据，强化技术融合、业务融合、数据融合，推动全科网格治理平台、雪亮工程综治平台、视联网实战平台一体化运行，搭建起集数据汇总、便民服务、风险预警、整合调度、统筹治理、服务决策等六大功能于一体；以山西省综治信息系统、综治视联网、"雪亮工程"系统为基础打造的迎泽区综治实战指挥平台，集"实时定位、轨迹巡查、信息发布、网络考核、一键报警、指挥调度、可视会商、视频监控"八大功能于一体，搭建起网格工作的"大脑中枢"。做到上级指令快速下达、下级情况及时上报、基础信息互通共享、稳定形势综合分析、重大矛盾协调化解、疑难问题联动处置。目前全市已累计建设各类视频监控37万个，接入公共安全视频资源11万路，形成"一屏知全城、一网管全局"的智慧城市治理模式。

矛盾纠纷和化解，是平安太原建设的一项重要任务，也是全科网格服务管理所涵盖的任务范畴，迎泽区矛盾纠纷多元调解中心的建立，是太原市推广新时代"枫桥经验"的具体举措，运用科技支撑，温暖便民为化解矛盾纠纷提供了一站式服务，2021年5月，最高人民法院时任院长周强在太原调研时，充分肯定了这一建设内容。

4. 选优配强、队伍过硬是关键

全科网格服务管理是一项系统、复杂、细致的工作，需要有一支觉悟高、过得硬、专业化队伍，首先，我们的基层干部有坚定的政治立场和为民服务的理念。2021年4月28日中共中央 国务院印发《关于加强基层治理体系和治理能力现代化建设的意见》提出要增强乡镇（街道）行政执行能力、为民服务能力、议事协商能力、应急管理能力、平安建设能力，这是对基层治理能力提出的要求，也是对基层干部提出的要求。小店亲贤社区成立党建协调委员会，打造"红色物业"，以人民为中心，把党组织服务管理融入基层社会治理，实现党建带社建，真正让"堡垒建在网格、党员沉在网格、作用发挥在网格"。其次，全科网格服务管理，网格员的招录是关键，要确保网格员来之能用。根据太原市1+8制度体系的要求，对网格员的招录是通过"群众推、村社选、乡街审、县区聘"和委托第三方专业机构进行，专职网格员的录用为大专学历以上，要有较高的业务能力和综合素质，2022年全市共择优选聘网格员9788人，其中专职5656人、兼职1679人、专属2453人，实现网格员队伍建设常态化、规范化、社会化。第三，为保障网格员履职安心，太原市就网格员的待遇问题统筹市县两级财政经费2.35亿元，用于保障网格员薪酬待遇。实行"基本工资+工作补贴+社会保险+绩效奖励"的薪酬体系，实现专职网格员月均3350元（含保险），兼职网格员月均2100元。第四，全面加强全科网格员培训、管理和考核，通过日常考核与绩效统计，做到奖优罚劣，有效激发全科网格员履职尽责、干事创业、服务社会的动力和热情，真正发挥网格员的钉子作用。2021年以来，全市网格员矛盾纠纷、风险隐患和治安问题排查率同比明显上升，化解整治率达99%，电诈犯罪环比呈下降。

二、全科网格服务管理工作存在的主要问题

太原市在全科网格服务管理工作中，采取有力举措，创新工作方式，搭建有效平台，推动了全市全科网格工作的有效开展，取得了明显成效。从目前调研来看，全科网格服务管理工作中存在的问题主要集中在全科网格员的管理方面，全科网格员制度是我市一项具有创新性、探索性的工作举措，全

科网格员在排查基层各类矛盾隐患，协调解决社区居民困难诉求，化解各类矛盾纠纷、维护基层和谐稳定等方面发挥了重要作用，得到了一致认可。但是由于处在探索实践当中，仍然存在一些需要解决的问题，需要补齐的短板，具体表现在以下几个方面。

（一）统筹协调机制还不够完善

按照太原市《关于进一步加强全科网格服务管理和发挥全科网格员作用的意见》文件规定，全科网格工作职责共计12条，全科网格员工作职责9条，全科网格员职责规定涉及信息采集、民意收集、安全隐患排查、矛盾纠纷化解、特殊人群服务、文明城市创建、公共服务代办、政策法规宣传和其他工作等。全科网格工作和全科网格员职责范围涉及多个部门，可以说一项系统性、综合性、全面性非常强的工作，需要各级各部门进行具体协调、协助配合，齐头并进，按照各自分工抓好具体工作落实。但是在目前实际工作中，仅仅是政法委牵头，综治办作为全科网格建设和全科网格员管理的主要责任部门，统筹协调其他部门的力度和能力都存在一定的困难，在资金落实、队伍建设、工作考核等等方面，难以形成有效的统筹协调、密切配合、共同发力的工作格局，一定程度上造成一些问题出现推诿扯皮、责任不清等现象，造成全科网格员管理工作难以有效整合资源，更为有力地推进，影响了工作效率和工作实效。

（二）能力培训还需要进一步加强

基层治理涉及政治、经济、文化、生态、社会各领域的内容，需要将党的理论、方针、政策及时完整的在基层得到有效的宣传，需要应对各类突发矛盾，解决居民各类矛盾诉求，在这样的背景下，全科网格工作要求和全科网格员的具体职责要求对全科网格员的综合素质、业务能力，特别是群众工作能力、应对突发事件能力、政策理解能力等提出了较高要求。按照我市相关文件，对网格员培养工作提出了具体要求，包括："健全市、县（市、区）、街道（乡镇）三级培训体系，采用集中授课与现场教学、集体培训与日常培训、线上培训与线下培训相结合等形式，有计划、分领域地对全科网格员开展政策法规、业务知识、职业道德等方面的培训"等等要求，对市、县（市、区）、街道（乡镇）全科网格员培训工作提出了举措和办法。但是在具体工作中，由于基层工作任务繁重、全科网格员工作任务多等因素，造成了业务培训没有很好地落实，特别是针对全科网格员的实战化能力培训，针对性和操作性强的能力培训等还没有更全面地开展，在农村一些兼职网格员，年龄偏大、文化程度不高，对智能手机操作不熟练，在个人素质能力上达不到业务面面俱到的要求等等。培训体系建立不到位，培训的针对性不强等，一定程度上影响了工作水平提升，不利于全科网格员个人发展和成长，是未来需要进一步加强的工作。

（三）工作考核机制还需完善

全科网格员工作考核是网格员管理体系的重要内容，对于推进全科网格员管理规范化、制度化、科学化具有重要作用，目前我市已经制定了《全科网格员综合考核实施办法》，对考核的基本原则、考核方式、考核内容、考核档次、年度奖励、加减分设置等内容进行了明确要求，市级层面的考核办法对于全科网格员考核工作提供具体明确的工作指导，但是在县（市、区）、街道（乡镇）具体落实中还存在一定的差距，具体表现在一些街道、社区在具体的考核指标和标准的设置上没有进行细化，或者存在考核指标设置不够科学。存在全科网格员考核方式较为单一，利用手机定点打卡、签到等方式存在一定的漏洞，考核的公平性和激励作用并不强，比如有些全科网格员所服务社区为老旧小区，工作难度大、矛盾纠纷多，网格员承担的任务比较重，而且容易出现工作上的失误。有些社区为新建的高档小区，小区人员素质高、管理难度小，矛盾纠纷少，工作好开展，这就出现了需要结合实际科学灵活地设置评价体系。目前，全科网格员考核设置了4个考核档次，但是每个档次的标准还不够明确，考什么、谁来考、怎么考等问题还需根据实际情况具体细化，真正发挥考核的激励约束作用，提高网格员工作的积极性和主动性。

（四）全科网格员成长发展规划不明确

职业前景和规划是否明确，直接影响网格员的从业态度。全科网格员职业发展的空间相对有限，上升通道并不通畅，职业发展还存在一定的瓶颈。职业前景不明确、职业发展的吸引力不强，造成部分网格员工作积极性不高。目前，我市招聘的全科网格员均为全日制本科毕业，他们对自己的职业生涯期望值较高，在职业发展前景不明确的情况下，一些网格员或将网格员作为过渡性的工作，一旦有了更好的工作机会，便出现人员的流出，这在一定程度上造成了网格员队伍不稳定，影响了网格员的职业吸引力等，不利于全科网格员队伍的长远发展。目前，从太原市情况来看，一些街道、社区已经将一些工作能力突出、群众评价较高、学历较高的全科网格员作为社区后备干部人选，一些网格员进入了社区两委班子，但是，网格员职业发展的激励机制还不够具体，职业发展空间相对还比较窄，相关的支持政策和措施还不够有力，网格员职业的吸引力还不够大，所以，从长远来看，还需要从制度层面进一步明确全科网格员的职业发展前景，拓宽职业发展空间。

（五）薪酬待遇还需进一步提高

职业薪酬待遇保障是影响网格员工作的重要内容，也是全科网格员工作管理服务体系中的重要一项制度体系。从我市专职全科网格员岗位报酬来看，目前的政策标准是，岗位报酬采取"基本工资+绩效报酬+工作补贴"的薪酬形式。目前基本工作为 2000 元 /月的标准执行，绩效报酬根据考核测评成绩确定，参照0－800元/月的范围标准执行，工作补贴主要为工作服装、手机终端等实物和手机话费、网络流量等形式的补贴。从目前调研的情况来看，大多数认为网格员的薪酬待遇和所承担的工作任务、能力要求不匹配，这在一定程度影响了网格员队伍的稳定。目前我市招聘的全科网格员队伍整体学历较高，且年龄大部分为25岁至30岁左右，面临的生活压力比较大，在待遇的诉求方面有较高的要求。更为重要的是，目前网格员承担的任务比较繁重，特别是在遇到重大任务、突发事件，如疫情防控、文明创建、反诈宣传等方面，发挥了巨大作用，承担了重要任务，但是目前整体薪酬标准还需进一步提升。同时，从目前的文件规定来看，薪酬体系还没有形成动态增长的调整机制，相对比较固定，奖励部分的力度还不够大，绩效部分的标准还需进一步提升。

(六)网格员职责履行需要有刚性约束

目前我市全科网格员的职责有明确的界定,但是在职责体系建设过程中,缺少保障职责履行的刚性约束和具体细化的制度措施,街道社区对于网格员的职责定位还不够细化,职责不够清晰,相关责任体系的制度建设不够完善。由于在职责体系中,全科网格员的"全科"定位,所以,如果职责履行缺乏刚性约束,就容易造成"全能"的功能困境,在各项任务的层层叠加下,全科网格员不仅要履行信息采集、政策宣传、矛盾排查等基本职能,还要履行上级很多临时性、应急性任务,一些网格员甚至被借调到街道一级,承担街道工作任务,这就造成"全科网格员"成为"全能网格员",只要是安排的任务,都必须承担并完成,造成"小马拉大车"的困境,增加了网格员的工作负担,这和全科网格员设置的初衷相矛盾。所以,在未来工作中还必须要进一步厘清和细化全科网格员的职责,同时要建立约束机制,保障网格员在职责体系范围内开展工作,防止出现随意给网格员摊派任务的情况,确保全科网格员能够高效开展工作。

三、进一步加强全科网格服务管理工作的对策分析

推进全科网格服务管理工作,必须以提升基层社会治理效能为目标,以增强人民群众获得感、幸福感、安全感为出发点和落脚点,加强顶层设计,创新工作思路,强化工作举措,提升网格服务管理规范化、专业化、精细化水平,建立科学完善的服务管理体制机制,不断提高基层治理体系和治理能力现代化水平。

一是强化统筹协调。全科网格管理服务工作是一项量大面广、涉及各方的综合性工作,必须建立全科网格管理的协调机制,成立专门的组织机构,强化对全市网格管理服务工作的统筹协调、指挥调度、资源整合、综合研判、督查督办、系统运维等工作,特别是在全科网员的管理方面,要完善组织协调机制,加强统一管理,实现全科网格员管理的规范化。要建立健全全科网格工作联席会议制度,明确各部门的相关责任,加强资源整合,打破部门间的利益壁垒，定期分析研判、协调解决全科网格服务管理工作推进过程中出现的新情况、新问题，切实形成全科网格工作的协同配合、高效有序推进的格局。各县（市、区）、街道要建立相应的领导组织，要落实党政主要负责人为第一责任制度，明确专门机构，落实专责人员，统筹落实基层治理和全科网格各项工作，加强全科网格员队伍的统一管理。建立相关考核问责机制，督促各级责任主体落实全科网格员服务管理工作，及时发现和解决问题。通过建立完善的组织领导体系和责任体系，厘清街道、社区、第三方组织、社区工作者、网格员的关系，构建清晰的责任体系。

二是加强专属网格的管理服务工作。从目前情况看，太原市在推进全科网格过程中，专属网格以党政机关、医院、学校、企业、园区、商圈、商务楼宇、市场及市场群为划分主体，专属网格管理服务方面存在着水平参差不齐，问题矛盾复杂，协调配合困难等，需要采取针对性举措加强管理和服务。一方面要建立党政领导干部对接专属网格的制度，县（市、区）、街道乡镇班子成员对接一个专属网格，充分发挥领导干部在全科网格服务中的示范引领作用，真正深入网格听取民声、答疑解惑，帮助居民和企业解决实际问题，提高专属网格服务的时效和质量。二是严格落实专属网格单位安全稳定工作主体责任。明确社区、专属网格长、网格员的责任，建立定期沟通联系、定期通报会商等工作机制，切实加强对专属网格的日常管理和服务。三是强化科技应用，通过自媒体平台等方式，加强专属网格管理平台建设，对网格内企业的信息进行收集整理，通过平台建设加强社区和企业的联动，实现矛盾及时发现、及时上报、及时解决。

三是以智慧科技赋能全科网格管理。要进一步统筹全市各级大数据资源，建立全科网格运行管理平台，充分整合城管、环卫、民政等部门大数据资源，建立资源信息共享机制。要打通纵向数据资源平台壁垒，实现市级、区级和乡级、社区四级数据平台全面对接，打造"全要素、全科目"全科网格智能化管理服务平台系统，对网格内的"人、房、事、物、情、组织"等信息进行全面采集、有机整合和精准管理，推动问题受理、分析研判、分流交办、督导考核等工作全部依靠信息系统运行，全程留痕、一键可查、精准高效，切实发挥智慧化平台在提升基层治理水平中的作用，搭建起民情、民事信息畅通机制，让群众诉求、区域治理信息网上传输、化解群众问题及时迅速。加强自媒体平台建设，建议由市委政法委牵头，建设平安太原社区APP，方便全科网格员和辖区居民及时上报网格内的矛盾问题，建议自媒体应用平台由市级层面统一组织进行研发、运营和管理，便于动态掌握全市各社区网格工作运行情况和矛盾纠纷排查整治情况。

四是建立完善可控的职责和考核体系。明确的职责定位和考核体系是全科网格工作规范化、科学化的重要支撑。针对当前全科网格工作责任和全科网格员工作职责不够细化，责任落实不够清晰，考核标准不够科学等问题，要建立完善可控、刚性约束的职责和考核体系。一方面责任体系要细化。在当前主要职责明确的基础上，各县（市、区）、乡镇（街、道）、社区要进一步细化全科网格工作各级主体责任清单，厘清全科网格员的具体职责，建立全科网格员服务事项准入机制，设置网格工作事项清单，确定网格内的具体工作内容，对各部门和社区提出要求纳入全科网格服务事务须报上级有关部门审核同意。二是要建立科学的考核机制。线上考核与线下考核、数量考核与质量考核、日常监督检查与年终考核评定相结合的方式，改变过于倚重系统数据的考核方式，重点强化群众对全科网格工作和全科网格员工作的评价考核，加大民生服务方面的权重，可组织网格内群众、物业、商户等人员对网格员工作进行评价，作为网格员工作考核的重要依据，纳入到考核指标中来。

五是加强全科网格员能力提升。建立全科网格员实战化训练基地，确保培训有场地、有规划、有制度、有保障。具体培训措施方面，首先要坚持把政治能力提升摆在首要位置，在党建工作的引领下，注重加强全科网格员的政治能力培养，用习近平新时代中国特色社会主义思想武装网格员的思想和头脑，增强全科网格员的政治品质和责任担当。特别是针对当前网格员队伍年轻人居多的情况，要切实加强党性锻炼，提高党性修养，真正做到对党忠诚、担当作为，做到内化于心、外化于行。要加强实战化培训，切实提高全科网格员的业务能力，进一步明确培训责任，细化培训目标，建立培训考核机制，确保培训工作落实到位，把法律知识培训作为重要内容，提高全科网格员用法律法规回应群众诉求的能力，要加强群众工作能力培养，围绕党建工作、平安创建、民生服务等主题，采取课堂教学、案例教学、情境教学、讨论分享等形式定期开展多层次、专题性、常态化培训，切实提高培训的针对性和实效性，使网格员能够快速进入工作状态，提高工作水平。加强与各业务部门的沟通协调，定期组织业务部门相关人员对网格员开展各项专业知识能力的培训，增强网格员发现问题隐患的能力和水平。

六是拓展全科网格员的上升渠道和发展空间。为全科网格员创造多种上升的渠道，是引进年轻人员、稳定网格员队伍的重要方式。要进一步拓展全科网格员的发展空间，制定全科网格员职业发展指导意见，明确网格员职业发展的方向，为基层进一步用好全科网格员提供政策支持。对于作出突出贡献、获得奖励或荣誉称号的网格员，在招录事业单位工作人员、选拔街道干部时以及考核选拔公务员时，都要优先考虑优秀网格员，进步拓展网格员的职业发展空间。要积极争取对网格员的招考招聘优惠政策，在公务员招考和事业单位人员招聘中，将网格员纳入服务基层项目人员，享受与"三支一扶"等人员的同等优惠政策等等，提高网格员工作的积极性和主动性，切实增强网格员队伍的稳定性。

七是完善的全科网格员薪酬体系。科学完善的薪酬体系是保障网格员队伍工作有效开展的重要基础，为此必须进一步细化网格员服务管理的薪酬体系，提高服务管理的科学性。要加大财政支持力度，网格员队伍工作任务多，工作压力大，为基层治理能力和治理水平的提升贡献了重要的力量。所以，必须进一步加大财政支持力度，提高待遇水平，提升网格员岗位的吸引力和网格员队伍工作的积极性。[1]

---

[1] 来源:《民主法制时报》，2022年4月1日。

案例3：

多元共治一站式化解矛盾纠纷的"迎泽模式"

迎泽区是山西省会太原的中心城区，总面积117平方公里，总人口65万余人，下辖六街一镇，共112个社区（村）村，是全省政治、文化、商贸中心和对外交往窗口，也是维系省城政治社会稳定的重地。作为全市的中心城区，矛盾纠纷频发、诉讼率高等问题突出。在此形势下，迎泽区委认真贯彻落实习近平总书记关于"将矛盾纠纷化解在基层，将和谐稳定创建在基层"的重要指示，大胆探索、精心实践，推动"系统治理、依法治理、综合治理、源头治理"相结合，建立完善"区、街镇、社区、网格"四级调解网络，迎泽区委政法委牵头，整合该区司法、信访、公安、工会、妇联、团区委、区劳动仲裁院、庙前人民法庭，以及14家专业性调解组织，于2019年底建立了矛盾纠纷多元调解中心，让群众免费享受"只跑一地，一体到位"的化解纠纷服务。中心是推进基层治理现代化，打通为民服务最后一公里的重要载体，为群众提供高效便捷无偿权威的各项服务，最终实现共建、共治、共享的社会治理新格局。中心占地约2000平方米，一层是矛盾纠纷多元调解中心和法律援助中心，二层是劳动仲裁庭，人民法庭，行政复议听证庭和检调对接中心。三层是综治中心，网格化服务管理中心、调度指挥中心。依托于矛盾纠纷多元调解中心这一山西省首家创新型"一站式"解纷平台，迎泽区探索形成了以党建引领为抓手、资源整合为主线、五元解纷为支撑的迎泽模式。

迎泽区矛盾纠纷多元调解中心坚持党建引领，遵循"党委领导、政府负责、民主协商、社会协同、公众参与、法治保障、科技支撑"的社会治理体系新要求，按照多元化解、控新治旧，全面排查、安全防范，以案释法、防"民转刑"的工作思路，统筹联动开展矛盾纠纷防范化解工作。迎泽区矛盾纠纷多元调解中心第一时间成立党支部，构建起由各类人员组成的矛盾联调队伍，党员干部下沉一线参与调解，解决和人民群众紧密相关的各类矛盾问题。

迎泽区矛盾纠纷多元调解中心进行资源整合，建立集人民调解、法律服务、行政调解、司法调解、司法确认于一体的机制，设置矛盾纠纷受理、劳动仲裁、诉调对接、检调对接、访调对接和法律服务6个窗口，对各类矛盾纠纷实行"一站受理、有效甄别、精准分流、就地调处、实时督办、依法引导"，保障基层矛盾纠纷化解"只进一扇门、最多跑一次"。

迎泽区探索出"五元"解纷的迎泽模式，即"渠道多元、主体多元、形式多元、支撑多元和效果多元"，努力实现矛盾不上交、平安不出事、服务不缺位。

一、渠道多元，受理归一

按照"统一受理、集中梳理、归口管理、依法办理、限期处理"原则，无论是群众来电来访亲自反映的矛盾纠纷，还是辖区部门、街镇或社区（村）网格员日常排查发现的问题，或是法院、公安、工会、妇联等部门委托处理或上级部门委派处理的事项，凡属平等民事主体间的民商事纠纷全部"一站式"集中受理。

二、主体多元，服务归一

依托人民调解工作在前、司法保障机制在后的递进式矛盾过滤体系，将负有调解职能的行政部门、群团组织、劳动仲裁院、基层法庭及专业性、行业性调解组织，全部协调进驻中心、集中办公，对口精准开展矛盾纠纷的预防、排查和调处。庙前法庭于2019年11月整体入驻，秉承厚德爱人、以法服人的工作理念，充分发挥人民法庭的支点作用，依托于案件，发挥法院第二项职责，总共14个调解组织入驻，法庭在各领域调解纠纷，指导调解组织的工作，并进行司法确认，出具裁决书。劳动仲裁方面，仲裁和法院进行互通，促进调裁审一体化，发挥调解力量。检察机关也入驻了迎泽区矛盾纠纷多元调解中心，依托于治理中心，就检察机关的轻微刑事案件还有对民事诉讼监督的案件以及涉检信访案件的监督过程中就民事责任的共同促使，双方当事人有效化解社会矛盾，打造社会治理新格局。行政听证厅主要承办区政府受理的各类行政复议案件的听证和审理等工作，将行政力量纳入区社会治理中心一站式工作平台，完善行政复议和调解进行双向互动工作格局。综治中心整体进驻，建立综治指挥平台，协调、指导、推动矛盾纠纷排查化解规范化、法治化、专业化，走出一条党委领导、政府负责、社会协同、群众参与的矛盾纠纷多元化解新路子。平台是全省首家打造，以全科网格为基础搭建综治实战解决平台，网格员的日常管理考核、日常工作巡查情况、辖区内的基本情况均能在系统里进行展示。

三、形式多元，流程归一

明确矛调中心统筹联动化解矛盾的职责定位，创新"上门问诊""坐堂就诊""远程会诊"的调解形式，提供"对症下药"式调解服务。针对四类矛盾纠纷来源，统一登记受理后，根据纠纷性质、涉案范围及复杂程度，分流至进驻的各个部门，简单纠纷可交由街镇处理；一般纠纷由矛调中心直接委派人民调解员处理；跨地区、跨行业重大复杂纠纷、群体性纠纷及涉法涉诉信访案件，会同各相关部门提前介入、合力调处，努力将矛盾纠纷化解在萌芽状态。调解成功的纠纷可直接在矛调中心申请司法确认；调解不成的，根据当事人申请直接进入诉讼或仲裁程序。矛调中心还建成法治广场、枫桥之家等宣传阵地，通过让法治、和睦观念潜移默化、深入人心的方式，进一步增强人民群众参与矛盾纠纷预防化解的积极性，形成了完备的矛盾纠纷预警、防范、化解、引导全周期链条。

四、支撑多元，信息归一

一是"全科网格"强基础，利用网格员扎根基层、贴近群众、了解民情的优势，按照要素全覆盖、信息全采集、隐患全排查、宣传全到人、诉求全受理的工作要求，及时掌握纠纷线索，快速响应群众需求，使矛盾纠纷发现在萌芽、解决在初发、稳控在网格；二是"多网融合"广覆盖，与"12345"数字城管、综治视联网、雪亮工程多网并行，信息共享，实现"一屏观全区、一网管全域、一地解全纷"；三是"线上线下"齐发力，充分利用5G、新媒体、大数据等技术，实现现代化科技法庭、远程心理咨询、远程调解、远程开庭等"线上服务"，让数据多跑路，让群众少跑腿。"互联网+"融合平台，与省综治信息系统、人民法院调解平台、公安掌上派出所、山西智慧调解服务系统互联互通，建成纵向贯通、横向集成、共享共用、安全可靠的多元解纷平台。

五、效果多元，宗旨归一

矛调中心工作坚持党建引领、创新赋能，高起点谋划、高标准统筹，成为全省法治化建设、平安单位创建、网格化服务管理等工作的示范单位。在助力平安单位创建、"三零"单位创建方面起到了良好效果。迎泽区矛盾纠纷多元调解中心自2019年底运行以来，共接待来电来访30182次，受理矛盾纠纷5994起，通过调裁审一体化平台化解5570起，事件办结率达93%，工作成效显著。2021年5月8日，时任最高人民法院党组书记、院长周强莅临矛调中心调研指导，对中心工作予以肯定并做出批示，指明了迎泽区一站式多元解纷机制取得明显成效，要认真总结，予以推广。矛调中心接受最高人民法院、国家信访局、省、市各级领导调研指导和兄弟县区交流学习数十次，其工作模式和工作思路获得一致认可和好评，相关经验做法被人民日报、中国县域经济报、山西日报、太原晚报、山西法制报、山西广播电视台、民生大接访等多家媒体报道，实现了良好的政治效果、社会效果、法律效果，在不断满足人民群众对美好生活的需要上达成有机统一。

2021年，迎泽区"矛盾纠纷多元化解机制"入选全省首批法治政府建设示范项目。自2020年8月起，省委依法治省办公室在全省市、县两级政府组织开展了首批法治政府建设示范创建活动。经过初审推荐、第三方评估、人民满意度测评、实地核查、社会公示等环节，迎泽区"矛盾纠纷多元化解机制"被列入17个示范项目之一。

附　录

《太原市城乡社区治理促进条例》

（2021年2月10日太原市第十四届人民代表大会常务委员会
第四十一次会议通过）

第一章　总　则

第一条　为了提高社区治理水平，推进城乡社区治理体系和治理能力现代化，促进社会和谐稳定，全面提升城乡文明程度和市民文明素质，打造治理有序、正气充盈、文明和谐的首善之区，根据有关法律法规，结合本市实际，制定本条例。

第二条　本条例适用于本市行政区域内城乡社区建设、治理、服务等活动。

本条例所称城乡社区治理，是指在党的领导下，以城乡社区为基本单元，政府、居（村）民委员会、社会组织、居民等各类主体广泛参与，共同推进城乡社区高质量发展、高效能治理、高品质生活，建设人人有责、人人尽责、人人享有的社会治理共同体的活动。

第三条　城乡社区治理工作应当遵守下列原则：

（一）坚持党的领导，党建引领；

（二）坚持以人为本，为民服务；

（三）坚持社会主义核心价值观；

（四）坚持自治、法治、德治相结合；

（五）坚持共建、共治、共享；

（六）坚持城乡统筹、因地制宜。

第四条　市、县（市、区）人民政府应当在本级党委的领导下，统筹城乡社区治理工作，将城乡社区治理纳入国民经济和社会发展规划，建立城乡社区治理工作联席会议制度，研究解决城乡社区治理中的重大问题。

街道办事处、乡（镇）人民政府承担城乡社区治理的具体工作，指导、支持和帮助居（村）民委员会开展工作。

第五条　市、县（市、区）民政部门负责对城乡社区治理的组织协调、指导、检查和考核工作，可以委托城乡社区服务机构做好日常工作。

发展和改革、财政、人力资源和社会保障、规划和自然资源、住房和城乡建设、城乡管理、农业农村、卫生健康、房产管理、公安、司法行政、大数据应用以及政府其他部门按照各自职责和本条例规定，做好城乡社区治理相关工作。

第六条　工会、共青团、妇联、文联、科协、工商联、残联、红十字会等组织应当在各自职责范围内协同做好城乡社区治理工作。

第七条　居（村）民委员会应当在基层党组织的领导下，以服务居民为宗旨，发挥基层群众性自治组织作用，履行法定职责，依照法律法规协助人民政府及其派出机关做好与居民利益相关的社区公共服务、公共管理、公共安全等工作。

第八条　鼓励支持公民、法人和其他组织等各类主体参与城乡社区治理工作。

第九条　报刊、广播、电视、网络等媒体应当加强对城乡社区治理工作的宣传，营造全社会关心、支持、参与城乡社区治理的良好氛围。

第十条　市、县（市、区）人民政府及其有关部门应当对在城乡社区治理中作出突出贡献的单位和个人，给予表彰和奖励。

第二章　社区建设

第十一条　市人民政府应当组织编制城乡社区服务体系建设规划，依法制定城乡社区综合服务地方标准。

第十二条　县（市、区）人民政府应当根据公共资源配置、人口数量、治理能力等情况划定社区。城市社区的规模一般与社区居民委员会服务区域相当。

县（市、区）人民政府及其有关部门应当根据有关法律法规规定，按照国家政策要求，依法及时有序设立或者调整居（村）民委员会。

第十三条　市、县（市、区）人民政府编制国土空间规划、控制性详细规划，应当统筹推进养老、托幼、配餐、医疗、购物、文体、警务等生活设施改造，打造功能设施完备、资源配置有效、居民生活便捷的生活服务圈，满足居民生活需求。

第十四条　市、县（市、区）人民政府有关部门、街道办事处、乡（镇）人民政府、居（村）民委员会、驻社区单位以及物业服务企业等应当共建互补，加强城乡社区环境综合治理，做好社区环境绿化、垃圾分类、水资源再生利用等工作，美化社区人居环境。

第十五条　市、县（市、区）人民政府及其有关部门应当加强农村社区交通运输、卫生医疗、环境整治、邮政快递等基础设施建设，建立运行、维护机制。

第十六条　市、县（市、区）人民政府应当采取新建、改（扩）建、购买、租赁、项目配套和整合共享等方式，统筹推进城乡社区综合服务设施建设。城乡社区综合服务设施建设用地应当纳入本级国土空间规划予以保障。

城乡社区综合服务设施主要包括：居（村）民委员会办公用房、活动场所以及党群（社区）服务中心、卫生服务中心（站）、养老服务中心以及其他面向居民提供文化、教育、科技、体育、卫生、环境、法律、安全等公共服务的综合性、多功能设施。

第十七条　新建、改（扩）建城乡社区综合服务设施建设用地面积不得少于一千平方米。

新建住宅小区、旧城连片改造居民区的社区综合服务设施建设，应当按照每百户居民不低于建筑面积三十平方米的标准纳入建设工程规划，与建设项目同步设计、同步施工、同步验收、同步交付政府使用。建设项目验收应当邀请民政部门参加。

老城区和已建成居住区没有社区办公用房等社区综合服务设施或者社区办公用房不能满足需要的，由县（市、区）人民政府按照不少于五百平方米的标准建设，也可以采取置换、购买、租赁、借用等方式解决。

第十八条　市、县（市、区）人民政府应当整合本行政区域内闲置资源，优先作为城乡社区综合服务设施。

鼓励驻社区单位为社区提供综合服务设施。

第十九条　鼓励支持社会资本投资建设城乡社区综合服务设施。

鼓励支持农村集体经济组织利用集体财产建设农村社区综合服务设施。

第三章　社区治理

第二十条　市、县（市、区）社区治理工作应当在本级党委的领导下，坚持政府治理为主导、居民需求为导向、改革创新为动力，构建党委领导、政府负责、民主协商、社会协同、公众参与、法治保障、科技支撑的城乡社区治理体系，建设人人有责、人人尽责、人人享有的社会治理共同体。

第二十一条　市、县（市、区）人民代表大会常务委员会可以依托街道办事处、乡（镇）人民政府、居（村）民委员会建立代表联络站（点）、基层立法联系点，加强与居民联系。

第二十二条　市、县（市、区）人民政府应当依法制定县（市、区）政府部门、街道办事处、乡（镇）人民政府权责清单。

县（市、区）人民政府应当组织制定居（村）民委员会承担社区工作事项清单、协助政府的社区工作事项清单以及社区工作事项负面清单，切实减轻居（村）民委员会工作负担。

本条规定的清单实行动态调整机制。

第二十三条　市、县（市、区）人民政府及其部门应当严格落实清单事项，对属于社区协助事项的，应当通过书面委托并提供相应的经费和必要的工作条件。

市、县（市、区）人民政府及其部门不得将各自职责范围内的事项转交给居（村）民委员会承担，不得直接给居（村）民委员会安排工作任务。

第二十四条　市、县（市、区）人民政府及其部门应当采取措施减轻居（村）民委员会工作负担，严格落实不应由基层群众性自治组织出具证明事项清单，对居（村）民委员会提出的本社区的意见建议，应当及时办理，不得转交居（村）民委员会办理。

第二十五条　县（市、区）人民政府及其有关部门应当指导建立由城乡社区党组织、居（村）民委员会牵头，居民参与的议事协商机制，引导居（村）民委员会开展灵活多样的协商活动。对涉及城乡社区公共利益的重大决策事项、关乎居民群众切身利益的实际困难问题以及矛盾纠纷等，一般由城乡社区协商解决。

鼓励城乡社区居民积极参与需求表达、协商议事、问题解决，积聚群众力量化解矛盾纠纷。

第二十六条　居（村）民委员会应当推进社区自治工作制度化、规范化，培育居民自治意识，组织居民依法规范和完善居民公约、村规民约，发挥居民公约、村规民约在城乡社区治理中的作用。

居（村）民委员会应当建立健全居（村）务公开和民主监督制度，完善社区事务公示制度，公开办事制度和程序，保障居民的知情权、参与权、选择权、监督权。

居（村）民委员会应当及时公开社区惠民项目、民生实事项目等事关居民切身利益的重要事项，定期公布收支情况，接受居民监督。

第二十七条　本市建立覆盖城乡社区的法治宣传教育制度，开展法律服务进社区活动，提高居民法治意识，引导和支持居民理性表达诉求、依法开展活动和维护权益。

司法行政等有关部门应当指导居（村）民委员会建立社区人民调解组织网络、社区法律顾问和社区工作者学法等制度，指导居（村）民委员会建立社区专业人员数据资料库，引导人民调解员、法律专业工作者、社会工作者、心理咨询师等专业人员在物业纠纷、家庭纠纷、邻里纠纷、信访投诉等领域开展形式多样的矛盾纠纷排查和化解活动。

第二十八条　本市建立并实行城乡社区网格化管理制度，完善网格化服务管理体系，加强村（社区）、企业和单位网格化服务管理，推进以红色、雪亮、法治、智慧为特征的"全科"网格建设。

公安机关等有关部门应当推进平安社区建设，健全网格化服务管理机制，加强社区治安防控网建设，解决社区安全稳定问题。

第二十九条　本市建立培育和践行社会主义核心价值观制度，开展创建全国文明城市和新时代文明实践活动，开展文明社区、文明乡村、文明家庭创建和道德模范评比活动，引导居民崇德向善、助人为乐、诚实守信、孝老爱亲，倡导家庭家教家风建设，促进城乡社区德治建设。

市、县（市、区）精神文明建设工作机构应当对文明社区、文明乡村、文明家庭、道德模范予以表彰奖励。

第三十条　居（村）民委员会应当通过设立宣传栏、电子屏等社区公共文化设施，宣传社会主义核心价值观，弘扬优秀中华传统文化、革命文化和社会主义文化，传播身边好人好事，提升公共文化服务水平。

第三十一条　县（市、区）人民政府及其有关部门应当加强住宅小区物业管理，建立住宅小区物业管理领导协同机制，及时研究解决住宅小区物业管理的重大问题，对违法物业服务企业及时依法查处。

对委托物业服务企业或者其他管理人管理的物业，居（村）民委员会、业主委员会、物业服务企业或者其他管理人应当在基层党组织的领导下建立物业管理协调联动机制，及时解决物业服务中的问题。

对没有物业服务企业或者其他管理人管理的物业，可以由街道办事处、乡（镇）人民政府或者居（村）民委员会建立综合物业服务组织，对物业进行统一管理；也可以由业主或者居民成立业主自治组织，对物业进行管理。

物业服务企业或者其他管理人应当执行人民政府依法实施的应急处置措施和其他管理措施，依照法律法规规章规定和物业服务合同约定履行义务，不得推给居民委员会、业主委员会等。

第三十二条　发生突发事件时，居（村）民委员会应当按照人民政府的决定、命令，进行宣传动员，组织居民开展防治、救助活动，协助维护社会秩序。出现重大传染病疫情时，居（村）民委员会应当启动社区应急救助志愿服务机制，发动应急救助志愿者团队等，协助做好社区疫情防控，及时收集、登记、核实、报送相关信息。

因发生突发事件等特殊情况，监护人无法履行监护职责，被监护人的生活处于无人照料状态的，被监护人住所地的居（村）民委员会应当为被监护人安排必要的临时生活照料措施。

第三十三条　市、县（市、区）人民政府应当运用互联网、物联网、大数据、云平台、人工智能等现代信息技术，整合既有城乡社区信息资源，建立全市统一的城乡社区公共服务信息平台，实现互联互通，信息共享，促进智慧社区建设。

第四章　社区服务

第三十四条　社区服务应当坚持政府主导、鼓励社会参与、加强市场运作，采取公建民营、民办公助、政府购买服务、政府和社会资本合作、居民志愿服务、社会捐赠捐助等多种方式。

鼓励支持各类公益组织为社区居民提供服务。

第三十五条　市、县（市、区）人民政府应当促进政府有关部门、街道办事处、乡（镇）人民政府工作与社区工作的有效衔接，推进社区就业服务、社会保障服务、救助服务、公共卫生和计划生育服务、文化教育体育服务、公益法律服务、流动人口管理服务、治安服务以及环境绿化美化服务等基本公共服务体系建设。

县（市、区）人民政府应当在社区设立公共服务窗口，为居民提供服务。

第三十六条　市、县（市、区）人民政府应当支持居（村）民委员会、物业服务企业、社区社会组织等开展社区养老、护理、家政、休闲、健身、文化、培训、再生资源回收等社区服务。

第三十七条　市、县（市、区）人民政府应当结合实际完善社区养老服务设施建设，实施政府购买居家养老服务，引导社区养老组织（机构）参与养老服务，开展社区养老服务合作。

鼓励物业服务企业以及其他企业发展居家和社区养老服务。

鼓励居民组建法律维权类、社区服务类、文化体育类、教育培训类等社区社会组织，推动居民参与社区服务。

鼓励社区居民根据兴趣爱好、职业经历等，自主开展学习、健身、厨艺、园艺、公益集市等社区活动。

第三十八条　居（村）民委员会可以依托社区综合服务设施建立志愿者服务站点，搭建志愿者、服务对象和服务项目对接平台，开展以家政服务、文体活动、心理疏导、医疗保健、法律服务、交通安全宣传教育等为主要服务内容的社区志愿服务。

第三十九条　市、县（市、区）人民政府及其有关部门应当支持发展在城乡社区开展纠纷调解、健康养老、教育培训、志愿服务、公益慈善、防灾减灾、文体娱乐、移风易俗、邻里互助、居民融入以及农村生产技术服务等活动的社区社会组织，组织制定支持社区社会组织发展的政策措施。

市、县（市、区）人民政府及其有关部门对申请设立社区社会组织的单位和个人应当简化审批程序，给予承接服务事项、活动场地、土地等支持。

居（村）民委员会可以无偿提供社区综合服务设施给社区社会组织，支持其为居民服务。

第四十条　机关、团体、企业事业单位等驻社区单位应当利用自身条件，发挥各自优势，主动配合、支持所在居（村）民委员会开展工作，教育、引导和支持本单位职工积极参与社区治理。

第五章　保障措施

第四十一条　市、县（市、区）人民政府应当将城乡社区治理所需经费纳入本级财政预算并及时拨付，保障城乡社区治理工作正常开展。

第四十二条　市、县（市、区）人民政府应当按照政府购买服务指导性目录，研究制定配套政策，将政府购买服务所需经费纳入同级财政预算。

第四十三条　市、县（市、区）人民政府应当组织落实民法典等法律法规中有关特别法人制度，探索建立城乡社区治理财政预算直接拨付居（村）民委员会管理使用的具体制度。

鼓励支持居（村）民委员会以自己的名义依法开展民事活动。

第四十四条　鼓励支持社会组织和个人通过慈善捐赠、设立社区基金会等方式，引导社会资金投向城乡社区治理领域。

第四十五条　市、县（市、区）人民政府应当加强对城乡社区治理经费使用的管理和监督，对专项资金依法审计。

第四十六条　市、县（市、区）应当按照社区规模、人口密度、服务半径、居民结构、辖区单位数量等因素，合理确定社区工作者数量。

市、县（市、区）应当加强社区工作者职业体系建设，建立社区工作者岗位开发、统一管理、薪酬待遇、培训培养、考核评价、晋升辞退等制度，建设高素质社区工作者队伍。

第四十七条　县（市、区）人民政府在公开招聘街道办事处、乡（镇）人民政府事业单位工作人员时，可以按照国家、省、市相关规定设置一定数量的村（社区）工作者专门岗位，用于定向招聘。

第四十八条　街道办事处、乡（镇）人民政府评议有关部门服务社区工作，应当由居（村）民委员会组织集中评议，评议结果作为部门绩效考核的内容。

社区居民委员会可以组织社区居民对供水、供电、供气、环境卫生、园林绿化等公共服务单位的服务情况进行评议，并反馈评议意见。相关公共服务单位对评议意见应当及时回应。

第四十九条　城乡社区综合服务设施的供暖、水电、燃气等费用按照当地居民使用价格标准收取。

第六章　法律责任

第五十条　违反本条例规定，法律、行政法规以及省人民代表大会及其常务委员会制定的地方性法规已有法律责任规定的，从其规定。

第五十一条　违反本条例规定，有下列情形之一的，由相关部门予以纠正、通报批评，并对负有直接责任的主管人员和其他直接责任人员依法予以处理：

（一）将职责范围内的事项转交给居（村）民委员会承担或者直接给居（村）民委员会安排工作任务的；

（二）将依法需要居（村）民委员会协助的工作事项转交居（村）民委员会但未提供相应的经费和必要工作条件的。

第五十二条　违反本条例规定，在城乡社区治理工作中玩忽职守、滥用职权、徇私舞弊的，依法给予处分；构成犯罪的，依法追究刑事责任。

第七章　附　则

第五十三条　本条例自2021年7月1日起施行。

参考文献

1. 习近平:《习近平谈治国理政》,外文出版社 2014 年版。

2. 习近平:《决胜全面建成小康社会 夺取新时代中国特色社会主义伟大胜利——在中国共产党第十九次全国代表大会上的报告》,人民出版社 2017 年版。

3. 习近平:《高举中国特色社会主义伟大旗帜 为全面建设社会主义现代化国家而团结奋斗——在中国共产党第二十次全国代表大会上的报告》,党建读物出版社、学习出版社 2022 年版。

4. 习近平:《以共建共治共享拓展社会发展新局面》,习近平谈治国理政(第四卷),外文出版社 2022 年版,第 338 页。

5. 习近平:《深入理解新发展理念》,习近平谈治国理政(第二卷),外文出版社 2017 年版,第 214 页。

6. Ajala, Olayinka. Human Security in the Niger Delta: Exploring the Interplay of Resourc e Governance, Community Structure and Conflicts[J]. Journal of Sustainable Development Law and Policy, 2016.

7. De Barbieri, Edward W. Urban Anticipatory Governance[J]. Florida State University Law Review, 2018(1): 75-128.

8. Mize, Garrett. Big Cities in a Bigger State: A Review of Home Rule in Texas and the Ci ties That Push the Boundaries of Local Control[J]. South Texas Law Review, 2016(3): 311-344.

9. Kumar V . Democracy 'Only for the Haves' in Local Self Governance[J]. Journal of Nati onal Law University Delhi, 2018, 5(1): 99-108.

10. Johns, Brian ;Gould, Rosemary. Grassroots Organizing and Medicaid Expansion in Virg inia: the Lee County Chapter of Virginia Organizing and Medicaid

Expansion[J]. Richmon d Public Interest Law Review，2018（1）：23-48.

11. Miller S R，Vos J，Lindquist E. Informal Governance and Disaster Planning：The Case of Wildfire[J]. University of Arkansas at Little Rock Law Review. 2018：633-660.

12. Ross S. Strategies for Municipal Participatory Governance and Implementing UN-Habitat's New Urban Agenda：Improving Consultation and Participation in Urban Planning Decisi on-Making Processes Through Rapid Ethnographic Assessment Procedure[J]. Social Scienc e Electronic Publishing，2017.

13. Breuillard，Michele. New Governance of Urban Areas in France：Is Rationalization Possi ble[J]. Croatian and Comparative Public Administration，2016（3）：479-496.

14. （古希腊）亚里士多德：《政治学》，吴寿彭译，商务印书馆 1965 年版，第 172 页。

15. 赵月：《转型期我国基层治理法治化的逻辑与路径研究》，理论观察，2016 年第 8 期。

16. 吴晓林、郝丽娜：《"社区复兴运动"以来国外社区治理研究的理论考察》，政治学研究，2015 年第 1 期。

17. 汪燕：《美国基层社会治理的启示》，浙江经济，2018 年第 14 期。

18. 徐勇：《以服务为重心：基层与地方治理的走向——以日本为例及其对中国的启示》，深圳大学学报（人文社会科学版），2019 年第 1 期。

19. 亨廷顿：《变革社会中的政治秩序》，华夏出版社，1988 年版。

20. Ben Hillman. Patronage and Power：Local State Networks and Party-State Resiliencein Rural China，Stanford：Stanford University Press，2014.

21. Bisiriyu Abiodun Taleat：Governance and the Rule of Law in Nigeria's Fourth Republic：A Retrospect of Local Government Creation in Lagos State，Canadian Social Science，2017，13（10）.

22. HongwenZhu, Michael A. Peters. Social governance, education and socialist rule of law in China, Educational Philosophy and Theory, 2019, 51（7）.

23. 张晓杰：《"改革开放 40 年社会治理创新"学术会议综述》，党政论坛，2018 年第 12 期，9-10 页。

24. 沈筱芳：《党的十八大以来社会治理理念的创新》，中国党政干部论坛，2017 年第 5 期

25. 向春玲：《加强和创新社会治理的新思路与新举措》，治理现代化研究，2018 年第 3 期。

26. 李培林：《用新思想指导新时代的社会治理创新》，人民日报，2018 年 2 月 6 日 07 版。

27. 张翼：《社会治理思想的新发展——近期社会治理研究中的热点问题》，人民论坛，2018 年第 16 期。

28. 王维国、王石磊：《推进新时代社会治理新实践》，内蒙古社会科学（汉文版），2019 年第 1 期。

29. 向德平、苏海：《社会治理的理论内涵和实践路径》，新疆师范大学学报（哲学社会科学版），2014 年第 35（06）期第 19-25+2 页。

30. 王浦劬：《国家治理、政府治理和社会治理的含义及其相互关系》，国家行政学院学报，2014 年第 3 期第 11-17 页。

31. 徐猛：《社会治理现代化的科学内涵、价值取向及实现路径》，学术探索，2014 年第 5 期第 9-17 页。

32. 李红娟、董彦彬：《中国农村基层社会治理研究》，宏观经济研究，2021 年第 3 期，第 146-159 页。

33. 徐汉明：《推进国家与社会治理法治化》，法学，2014 年第 11 期第 14-19 页。

34. 姜裕富、齐卫平：《社会治理法治化中的源头治理与道德机制建设》，求实，2015 年第 4 期第 70-75 页。

35. 王增杰：《推进基层治理法治化的思考》，中共山西省直机关党校学报，2015 年第 1 期第 40-44 页。

36. 戚晓霞：《农村社会治理法治化路径研究》，青岛大学，2019 年硕士论文第 8 页。

37. 赵璐：《乡村振兴战略背景下农村基层治理法治化研究》，上海海洋大学，2020 年硕士论文第 25 页。

38. 廉耀辉、何得桂：《市域社会治理法治化水平提升路径研究》，西部学刊，2021 年 5 期，第 80-83 页。

39. 曲亚圆、李雪妍：《市域社会治理现代化的法治思维与法治路径》，佳木斯大学社会科学学报，2021 年第 39（01）期，第 68-71 页。

40. 唐惠敏、范和生：《县域社会治理：问题指向、核心目标与路径实践》，宁夏社会科学，2021 年第 3 期，第 145-153 页。

41. 郑志龙、刘潇阳：《县级政府社会治理能力的制约因素与提升路径——基于河南省四县的调查与思考》，中州学刊，2018 年第 6 期，第 7-14 页。

42. 孙琦、张本富、王培垠、丁梦云：《推进县域治理体系和治理能力现代化——以肥东县为例》，中共合肥市委党校学报，2020 年第 5 期，第 4-30 页。

43. 谭明方、郑雨晨：《"城乡融合发展"视角的县域社会治理研究》，南开学报（哲学社会科学版），2021 年第 2 期，第 62-72 页。

44. 刘茂林、王鸾鸾：《法治乡村视野下村域社会治理的权力配置及其优化》，中南民族大学学报（人文社会科 学版），2021 年第 41（05）期，第 107-117 页。

45. 陈鹏：《中国社会治理 40 年：回顾与前瞻》，中国社会科学文摘，2019 年第 5 期。

46. 叶静漪、李少文：《新时代中国社会治理法治化的理论创新》，中外法学，2021 年第 33（04）期。

47. 燕继荣：《社会变迁与社会治理——社会治理的理论解释》，北京大学学报（哲学社会科学版），2017 年第 54（05）期。

48. 吴超：《中国社会治理演变研究》，华中科技大学出版社 2020 年版。

49. 孙柏瑛：《开放性、社会建构与基层政府社会治理创新》，行政科学论坛，2014 年第 1 期。

50. 龚维斌：《加强和创新基层社会治理》，理论导报，2020 年第 9 期。

51. 夏周青：《基层社会治理存在的问题和解决思路》，中国党政干部论坛，2015 年第 12 期。

52. 陈跃、余练:《社会主要矛盾转化与基层社会治理创新探析》,理论探索,2020 年第 4 期。

53. 刘恒、徐武:《基层治理法治化与法律风险管理》,中国法制出版社 2019 年版。

54. 李皋:《基层治理七十年》,中国民主法制出版社 2019 年版。

55. 彭澎:《基层治理法治化的逻辑构成与结构范畴研究》,政法论丛,2017 年第 2 期。

56. 黄浩明:《建立自治法治德治的基层社会治理模式》,行政管理改革,2018 年第 3 期。

57. 李敏:《村规民约在基层情境治理中的法治功能分析》,广西民族大学学报(哲学社会科学版),2019 年第 2 期。

58. 辛向阳:《推进国家治理体系和治理能力现代化的三个基本问题》,理论探讨,2014 年第 1 期。

59. 卢洪友:《从建立现代财政制度入手推进国家治理体系和治理能力现代化》,地方财政研究,2014 年第 1 期。

60. 许耀桐:《当代中国国家治理体系分析》,理论探索,2014 年第 1 期。

61. 丁伟:《法治是实现国家治理体系现代化的必然路径》,上海人大,2014 年第 3 期。

62. 迟福林:《国家治理体系转型需过四道坎》,时代周刊,2014 年第 7 期。

63. 季卫东:《法治中国》,中信出版社,2015 年版,128 页。

64. 吴锦良:《基层社会治理》,中国人民大学出版社,2013 年版。

65. 彭澎:《农村基层治理变革的法理创新与法治转型研究》,湖南人民出版社,2014 年版。

66. 崔玉珍:《法治在当前乡土社会中的困境——河南省巩义市社会法庭之调研》,中国政法大学学报,2015 年第 1 期。

67. 陈天翔等:《基层社会治理中国家与社会:角色、动力与行为》,中山大学出版社,2015 年版。

68. 徐汉明:《"习近平社会治理法治思想"的核心要义及其时代价值》,政策，2018年第7期。

69. 李林：《依法治国与推进国家治理现代化》，社会治理法治前沿年刊，2017年。

70. 公丕祥：《深入推进全面依法治国》，中国司法，2018年第8期。

71. 蓝蔚青：《全面依法治国的重大意义和丰富内涵》，宁波党校学报，2015年第4期。

72. 钱弘道：《"法治浙江"：习近平全面依法治国思想的前期探索》，桂海论坛，2015年第6期。

73. 张铁英：《关于新时期依法治理工作的思考》，中国司法，2015年第9期。

74. 李林：《全面推进依法治国，努力建设法治中国》，北京联合大学学报（人文社会科学版），2013年第11（03）期第37-45页。

75. 张文显：《新时代全面依法治国的思想、方略和实践》，中国法学，2017年第6期第5-28页。

76. 张帅梁：《振兴战略中的法治乡村建设》，毛泽东邓小平理论研究，2018年第5期第37-43+107页。

77. 杜艳艳：《新时代法治乡村建设的理论创新与实践发展》，哈尔滨工业大学学报（社会科学版），2021年第23（02）期，第22-27页。

78. 赵秀玲：《近年来中国基层治理创新趋向及其思考》，福建论坛（人文社会科学版），2017年第8期。

79. 任芙英：《如何实现社会治理法治化》，人民论坛，2019年第2期。

80. 陈景：《基层社会治理法治化探析》，清江论坛，2017年第3期。

81. 孙雪：《地方政府实现社会治理法治化的路径选择》，经营管理者，2014年第2期。

82. 陶进华：《推进社会治理法治化应当关注的几个问题》，成都行政学院学报，2015年第5期。

83. 刘佳义：《推进基层治理法治化》，《光明日报》，2014年12月08日，第01版。

84. 彭澎：《基层治理法治化的逻辑构成与结构范畴研究》，《政法论丛》，

2017 年第 2 期第 67—75 页。

85. 李亮:《基于派出所法律实施的基层社会治理法治化——以浙江 K 派出所为例》,《北方法学》,2017 年第 2 期 19—31 页。

86. 沈月娣、罗景华、李官金:《农村基层治理法治化建设研究——以浙江省湖州市、丽水市为例》,浙江师范大学学报(社会科学版),2017 年第 42 期。

87. 唐钧:《社会治理的四个特征》,《北京日报》,2015 年 3 月 2 日。

88. 洪碧华:《新时代农村基层治理法治化研究》,中国原子能出版社,2021 年版。

89. Stoker, Gerry, "Governance as Theory: FivePropositions", International Social Science Journal, Vol.68, 2018, pp.15-24.

90. 王名、董俊林:《关于新时代社会治理的系统观点及其理论思考》,《行政管理改革》,2018 年第 3 期。

91. 李树忠:《全面认识基层治理法治化》,光明日报,2014 年 11 月 8 日第 3 版。

92. 胡洪彬:《十六大以来我国社会管理研究回顾与展望》,福州党校学报,2011 年 05 期。

93. 龚继民:《民主党派参与社会管理创新的优化策略》,福建省社会主义学院学报,2011 年第 6 期。

94. 邓剑伟、李莱蒙:《我国社会管理近期研究的内容挖掘与分析——基于期刊文献的研究》,福建行政学院学报,2011 年 06 期。

95. 何冰:《基层公论:基层社会治理的制度创新》,管理现代化,2014 年 04 期。

96. 唐寿东:《对基层治理法治化的认识与思考》,理论与当代,2015 年第 3 期。

97. 俞可平等:《中国的治理变迁(1978—2018)》,社会科学文献出版社,2018 版。

98. 金伯中:《论"枫桥经验"的时代特征和人本思想》,公安学刊,2004 年第 5 期。

99. 建国以来毛泽东文稿编委会：《建国以来毛泽东文稿》（第 10 卷），中央文献社 1987 年版，第 416 页。

100. 尹华广：《枫桥经验与基层社会治理法治化》，中国人民公安大学出版社，2020 年 9 月第 1 版。

101. 王名、李朔严：《十九大报告关于社会治理现代化的系统观点与美好生活价值观》，中国行政管理，2018 年第 3 期。

102. 李霞：《新时代"枫桥经验"的新实践：充分发挥法治在基层社会治理中的作用》，法学杂志，2019 年第 1 期。

103. 褚宸舸：《基层社会治理的标准化研究——以"枫桥经验"为例》，法学杂志，2019 年第 1 期。

104. 王比学：《把"枫桥经验"坚持好、发展好，把党的群众路线坚持好、贯彻好》，人民日报，2013 年 10 月 12 日。

105. 范愉：《以多元化解纠纷机制保证社会的可持续发展》，法律适用，2005 年第 2 期。

106. 董磊明：《宋村的调解：巨变时代的权威与秩序》，法律出版社，2008 年版。

107. 王雨本：《论多元化社会矛盾纠纷解决机制》，法学杂志，2009 年第 5 期。

108. 齐树洁：《民事司法改革研究》，厦门大学出版社，2006 年版。

109. 李坤轩：《社会治理法治化研究》，中国政法大学出版社，2020 年版。

110. 张旭东、周煜、刘晶杨：《矛盾纠纷多元化解机制研究——以基层法院构建市域社会治理大格局为切入点》，第十一届法治河北论坛论文集。

111. 田阳、邱月英：《社会力量参与市域社会治理现代化创新机制研究——以崇明人民调解工作为视角》，上海法学研究，2021 年第 15 卷。

112. 聂影、辛忠波：《社会力量参与矛盾纠纷化解工作的路径选择与发展思考》，人民调解 2018 年第 8 期。

113. 任建通：《疫情防控常态化背景下矛盾纠纷转型及化解机制研究》，河北大学学报（哲学社会科学版），第 3 期。

114. 凌波：《市域社会治理现代化视角下多元解纷机制的完善——以江苏省

苏州市为例》，上海法学研究，2021年第14卷。

115.〔德〕乌尔里希.贝克:《风险社会》，何博闻译，译林出版社2004年版，第15、17页。

116.郑永年、黄彦杰:《风险时代的中国社会》，文化纵横，2012年第5期。

117.杨凯:《习近平法治思想中的公共法律服务理论》，东方法学，2022年11月4日。

118.杨凯:《论现代公共法律服务多元化规范体系建构》，法学，2022年第2期。

119.尹华广:《"枫桥经验"与基层社会治理法治化》，中国人公安大学出版社2020年版。

120.王维翊 赵爽 李强 黄禹铭 吴阳 李佳芮:《新时代社会治理创新二十三讲》，中共中央党校出版社2021年版。

121.徐汉明等:《社会治理法治研究》，法律出版社2018年版。

122.王勇等:《社会治理法治化研究》，中国法制出版社2019年版。

123.王世荣、褚宸舸:《"枫桥经验":基层社会治理体系和能力现代化实证研究》，法律出版社2018年版。

124.龚维斌主编:《中国社会治理研究》，社会科学文献出版社2014年版。

125.张文显:《法治与国家治理现代化》，中国法学（中文摘要版），2014年第4期。

126.徐汉明、张新平:《网络社会治理的法治模式》，中国社会科学，2018年第2期。

127.《中共中央关于全面深化改革若干重大问题的决定》，人民出版社2013年版。

128.《中共中央关于全面推进依法治国若干重大问题的决定》，人民出版社2014年版。

129.中共中央文献研究室编:《习近平关于全面依法治国论述摘编》，中央文献出版社2015年版。

130.中央党校（国家行政学院）编:《习近平新时代中国特色社会主义思想基

本问题》，人民出版社、中央党校出版社 2020 年版。

131. 苏仁：《法治力 基层社会治理法治化的苏州样本》，苏州大学出版社 2021 年版。

132. 最高人民法院中国特色社会主义法治理论研究中心编：《法治中国——学习习近平总书记关于法治的重要论述》，人民法院出版社 2014 年版。

133. 肖莹：《从"国家于社会"到"制度与生活"：中国社会变迁研究的视角》，中国社会科学 2014 年第 9 期.

134. 陈炳辉、王菁：《"社区再造"的原则与战略.新公共管理下的城市社区治理模式》，行政论坛 2010 年第 3 期。

135. 王海青：《新时代基层治理法治化研究》，中共郑州市委党校学报 2021 年第 6 期。

136. 唐寿东、孙英：《全面依法治国视域下基层治理法治化研究》，天津行政学院学报 2017 年第 5 期。

137. 李艳：《城市社区治理法治化策略研究》，法治博贤 2021 年第 5 期。

138. 张蓓蓓、宋海峰：《新时代社区治理法治化建设的思考》，合肥学院学报 2020 年第 1 期。

后　记

法治是一种基本的思维方式和工作方式，法治思维和法治方式最能破解基层治理难题。习近平总书记强调："要坚持在法治轨道上推进国家治理体系和治理能力现代化"。基层社会治理是国家治理的基石，基层社会治理法治化水平直接影响着国家治理现代化水平，也影响着社会主义法治国家建设。

本书紧紧围绕习近平总书记关于基层社会治理的重要论述，结合党和国家有关方针政策，聚焦基层社会治理法治化这一重要主题，从理论、方法，实践三个层面进行了系统梳理和阐释，探讨了基层社会治理法治化的科学内涵，目标任务和优化路径，并介绍了我国基层治理法治化推进过程中的典型案例和有关政策文件。本书有针对性的回应了理论和实践层面，以及社会大众对于基层社会治理法治化热点问题的关切，我们期望从学术的角度厘清基层社会治理法治化的根脉，从方法的角度凝练基层社会治理法治化的落地方向，从实践的经验角度探索基层社会治理法治化的创新路径。

本书撰写过程中获得多方的帮助支持，在此表示衷心的感谢！感谢山西大学法学院二级教授、山西省法治教育研究会会长陈晋胜老师为本书作序；感谢张盛华、刘昆煌、成舒婷、李明昕、杭天星、许淑贤几位老师为本书出版做的大量工作；感谢在调研过程中冷西盘老总的资助；感谢本书写作过程中参考的相关论文和著作的作者，他们为本书写作提供了重要文献辅助；感谢出版社的领导和编辑同志的辛苦工作。

　　由于水平有限，本书还有很多不完善之处，敬请提出批评意见。探索基层社会治理法治化的研究任重道远，我们将继续努力，争取形成更多具有更大价值的研究成果，为推进基层治理体系和治理能力现代化贡献力量。

段丽霞

2023年3月15日于太原